Influential Environment and Resources Cases in China

(Volume IV)

中国具有影响力环境资源案件

（第四辑）

中华人民共和国最高人民法院环境资源审判庭 编著

Environment and Resources Division of the Supreme People's Court of the People's Republic of China

人民法院出版社

牛口峪湿地公园（摄影：郭泽晋）
Niukouyu Wetland Park (Photo by Guo Zejin)

中国具有影响力环境资源案件

（第四辑）

Influential Environment and Resources Cases in China

(Volume IV)

目录

Table of Contents

八达岭长城（摄影：北京延庆融媒体中心）
Badaling Great Wall (Photo from Beijing Yanqing District Convergence Media Center)

案例
Cases

一、武汉某江海贸易有限公司、向某等12人污染环境刑事附带民事公益诉讼案

【关键词】

刑事/刑事附带民事公益诉讼/船舶偷排含油污水/损害认定/污染物性质鉴定

【裁判要点】

1. 船舶偷排含油污水案件中，人民法院可以根据船舶航行轨迹、污染防治设施运行状况、污染物处置去向，结合被告人供述、证人证言、专家意见等证据对违法排放污染物的行为及其造成的损害作出认定。

2. 认定船舶偷排的含油污水是否属于有毒物质时，由于客观原因无法取样的，可以依据来源相同、性质稳定的舱底残留污水进行污染物性质鉴定。

【基本案情】

被告单位武汉某江海贸易有限公司(以下简称某贸易公司)通过租赁船舶从事国内水上货物定线运输业务，其经营的国裕1号船的航线为从江苏省南京市经安徽省芜湖市至浙江省台州市以及宁波市北仑港返回南京市。

长江（摄影：方飞）

依照法律法规，某贸易公司制定《防止船舶造成污染管理须知》，该须知规定国裕 1 号船舱底含油污水可通过油水分离器处理达标后排放，也可由具备接收资质的第三方接收。某贸易公司机务部常年不采购、不更换油水分离器滤芯，船舶油水分离器无法正常工作，分管机务部的副总经理等人指使工作人员用纯净水替代油水分离器出水口水样送检，纵容船舶逃避监管实施偷排；其亦未将含油污水交给有资质第三方处理，含油污水长期无合法处置去向。

涉案船舶（图片来源：公安机关）

2017 年 8 月至 2019 年 3 月，担任国裕 1 号船船长的被告人向某及担任轮机长的被告人殷某林、胡某政伙同同案其他被告人违反法律规定，先后五次偷排船舶含

油污水。后又购买污水接收证明自行填写后附于油类记录簿应付检查。2019 年 3 月，经举报，国裕 1 号船将含油污水偷排入长江的行为及作案工具被查获。

归案后，向某等被告人供述了国裕 1 号船轮机长等为公司利益多次指使轮机部管轮、机工等人逃避监管，拒不执行法律法规规定的防污措施，于 2017 年 8 月至 2019 年 3 月五次将舱底含油污水不经油水分离器处理偷排至长江及近海自然水域的事实。各被告人供述能够相互印证，并有证人证言佐证，亦与案涉船舶常年定线运行，含油污水积累速度和偷排频率相对稳定的情形相符，足以认定案件相关事实。

排入外界的含油污水因客观原因已无法取样，鉴于案涉船舶常年定线运输、偷排频次稳定，设备及操作规程没有变化，舱底残留含油污水与排入外界的含油污水来源相同且性质稳定、不存在本质变化，故就舱底残留含油污水取样送检。经鉴定，国裕 1 号船舱底含油污水属于“有毒物质”。生态环境损害的专家评估意见证实，以虚拟治理成本法计算得出五次偷排含油污水造成的生态环境损害数额为 10 000 元至 37 500 元。

江苏省南京市鼓楼区人民检察院提起刑事附带民事公益诉讼，指控被告单位某贸易公司及各被告人犯污染环境罪，并请求判令某贸易公司承担本案环境损害赔偿

长江三桥湿地公园（摄影：方飞）

费用 23 750 元、专家评估费用 9000 元及公告费用 700 元。

【裁判结果】

江苏省南京市玄武区人民法院于 2020 年 7 月 16 日以（2020）苏 0102 刑初 24 号刑事附带民事判决，认定被告单位某贸易公司犯污染环境罪，判处罚金 4 万元；以污染环境罪分别判处被告人向某等 12 名被告人有期徒刑一年六个月至八个月，并处罚金 3 万元至 1 万元；判令附带民事公益诉讼被告某贸易公司支付生态环境损害赔偿费用 23 750 元及专家评估费用 9000 元、公告费用 700 元，合计 33 450 元。宣判后，被告人向某提出上诉。江苏省南京市中级人民法院于 2020 年 12 月 23 日以（2020）苏 01 刑终 575 号刑事附带民事裁定，驳回上诉，维持原判。

【裁判理由】

法院生效裁判认为，根据《中华人民共和国水污染防治法》等法律法规的规定，被告单位某贸易公司虽制定了舱底含油污水等环境污染防治措施，但相关措施在运行中流于形式，没有实际执行，用于防治污染的油水分离器不能正常使用。某贸易公司弄虚作假获取油水分离器水样合格的检测报告、低价购置含油污水接收证明逃避监管。案涉船舶常年定线运输，随着航程增加必然产生并持续累积含油污水，但含油污水既未经油水分离器处理又未交由有资质第三方接收。各被告人供述、证人

证言及在案物证关于偷排污水行为的方式、时间、参与人员的内容互相吻合，足以认定各被告人实施了将含油污水排至长江及近海水域的环境污染行为。案涉含油污水的性质稳定，船舶常年定线运输，设备、操作规程及含油污水产生机理稳定，舱底残留含油污水与被偷排的污水系同一整体、性状一致，可以取样据以进行污染物性质鉴定。经鉴定，该含油污水系有毒物质。

案涉环境污染行为系为了某贸易公司的单位利益，在公司分管副总经理指使下，由国裕 1 号船船长、国裕 1 号船轮机长、机工等多人参与，共同将未经处理的舱底含油污水偷排至驶经的长江及近海水域，应当认定为单位犯罪。某贸易公司违反国家规定，以逃避监管的方式排放有毒物质，严重污染环境，其行为构成污染环境罪。向某等各被告人系单位犯罪中直接负责的主管人员或其他直接责任人员，应当以污染环境罪对其定罪处罚。

附带民事公益诉讼被告某贸易公司污染环境，依法应承担生态环境损害赔偿责

南京（摄影：滕宏飞）

任。某贸易公司将未经处理的舱底含油污水多次偷排至自然水域，专家意见以虚拟治理成本法量化生态环境损害数额并无不当，某贸易公司对此不持异议。经评估，案涉船舶五次将未经处理的舱底含油污水偷排至驶经的长江及近海水域行为造成的生态环境损害数额为 10 000 元至 37 500 元。公益诉讼起诉人江苏省南京市鼓楼区人民检察院取其中间值主张的生态环境损害赔偿费用数额，具有法律和事实依据，依法予以支持。公益诉讼起诉人主张的专家评估费用及公告费用，属于为诉讼支出的合理费用，依法予以支持。

【审理法院及合议庭成员】

一审：江苏省南京市玄武区人民法院 高伟、李伟、安洪强、胡天翔、张苏莉、贺俊、钮玉霞

二审：江苏省南京市中级人民法院 姜立、刘尚雷、于元祝

二、左某、徐某污染环境刑事附带民事公益诉讼案

【关键词】

刑事 / 刑事附带民事公益诉讼 / 应急处置措施 / 必要合理范围 / 公私财产损失 / 生态环境损害

【裁判要点】

对于必要、合理、适度的环境污染处置费用，人民法院应当认定为属于污染环境刑事附带民事公益诉讼案件中的公私财产损失及生态环境损害赔偿范围。对于明显超出必要合理范围的处置费用，不应当作为追究被告人刑事责任，以及附带民事公益诉讼被告承担生态环境损害赔偿责任的依据。

【基本案情】

自 2018 年 6 月始，被告人左某在江苏省淮安市淮安区某镇租赁厂房，未经审批生产铝锭，后被告人徐某等人明知左某无危险废物经营许可证，仍在左某上述厂房中筛选铝灰生产铝锭，共计产生约 100 吨废铝灰。2019 年 4 月 23 日，左某、徐某安排人员在淮安市淮安区某镇开挖坑塘倾倒上述废铝灰。在倾倒 20 余吨时，因废铝灰发热、冒烟被群众发现制止并报警。

同年 4 月 24 日，淮安市淮安区原环境保护局委托专业机构对坑塘内废铝灰进行取样鉴定并对案涉坑塘下风向的空气与

淮安运河（摄影：王浩）

废气进行取样检测。经 4 月 28 日检测，案涉坑塘下风向空气中氨超标。经 4 月 29 日鉴定，案涉倾倒的废铝灰 13 个样品中，有 4 个样品氟化物（浸出毒性）超出标准值，超标份样数超出了《危险废物鉴别技术规范》（HJ/T 298-2007）中规定的相应下限值，该废铝灰为具有浸出毒性特性的危险废物。再生铝和铝材加工过程中，废铝及铝锭重熔、精炼、合金化、铸造熔体表面产生的铝灰渣及其回收铝过程产生的盐渣和二次铝灰属于危险废物。

同年 4 月 27 日，淮安市淮安区某镇人民政府（以下简称某镇政府）组织人员对上述燃烧的废铝灰用土壤搅拌熄灭，搅拌后的废铝灰与土壤的混合物重 453.84 吨。

2019 年 11 月，江苏省环境科学研究院受某镇政府委托，编制应急处置方案，其认为：案涉废铝灰与土壤的混合物因经费及时间问题未进行危险废物属性鉴别工作，根据《国家危险废物名录》（2016 年版）危险废物豁免管理清单第 10 条规定，建议采用水泥窑协同处置方式进行处置。该院对此次事件生态环境损害评估认为：本次污染事件无人身损害，存在财产损害，费用主要包括财产损害费用、应急处置费用和生态环境损害费用。财产损害费用为清理过程中造成农户的小麦、油菜、蚕豆、蔬菜损失共计 3400 元；应急处置费用包

括应急监测费用 7800 元（实收 7200 元）、废铝灰与土壤的混合物的清理费用 76 161 元、处置费用因暂未处置暂按 1000 元 / 吨估算；生态环境损害费用 18 000 元（坑塘回填恢复，即填土费用）。

2020 年 3 月 18 日，某镇政府委托南京某水泥有限公司对废铝灰与土壤的混合物按照危险废物进行处置，处置单价为 2800 元 / 吨，该价格含税、含运费。此外还产生鉴定费用 8 万元、应急处置方案费用 7 万元及生态环境损害评估费用 25 万元，合计 40 万元。

关于本案应急处置的相关问题，江苏省环境科学研究院出庭鉴定人明确，应急处置方案针对的是已经清挖出的废铝灰与土壤的混合物，该混合物不能直接判定为危险废物，按照豁免程序处理可提高经济性和实操性，本案受污染的土壤采用水泥窑协同处置的价格为 1000 元 / 吨。出庭有专门知识的人认为，铝灰不会大面积燃烧，只需用土壤将明火掩盖即可，20 吨废铝灰经土壤混合搅拌后，清理出的混合物应在 60 吨至 120 吨范围内，否则属于过度处置。

淮安市淮安区人民检察院提起刑事附带民事环境公益诉讼，指控被告人左某、徐某犯污染环境罪，请求判令被告左某、徐某共同赔偿污染环境造成的财产损害费用 3400 元、应急处置费用 1 431 788 元、生态环境损害费用 18 000 元以及检验、鉴定等其他合理费用 40 万元，合计 1 853 188 元；判令被告左某、徐某在淮安市级媒体上向社会公众公开赔礼道歉。

【裁判结果】

江苏省盱眙县人民法院于 2021 年 6 月 24 日以 (2019) 苏 0830 刑初 534 号刑事附带民事判决，认定被告人左某、徐某犯污染环境罪，分别判处有期徒刑二年，并处罚金 5 万元；责令左某退缴违法所得 13 000 元，上缴国库；左某、徐某连带赔偿财产损害费用 3400 元、应急处置费用 156 489 元、生态环境损害费用 18 000 元、鉴定评估等事务性费用等 40 万元，合计 577 889 元，于判决生效后十五日内履行；责令左某、徐某在淮安市级媒体上向社会公众公开赔礼道歉；驳回刑事附带民事公益诉讼起诉人淮安市淮安区人民检察院的其他诉讼请求。宣判后，双方均未提出上诉、抗诉，判决已发生法律效力。

【裁判理由】

法院生效裁判认为，被告人左某、徐某违反国家规定，共同倾倒危险废物，严重污染环境，其行为均已构成污染环境罪。二被告人的行为造成了生态环境损害，损害了社会公共利益，除应受到刑事处罚外，还应依法承担相应的民事责任，包括赔偿损失和赔礼道歉，左某、徐某依法应对造成的生态环境损害后果承担连带赔偿责任。

为维护国家利益和社会公共利益，刑事附带民事公益诉讼起诉人主张二被告人承担生态环境损害赔偿责任，应予以支持。环境污染事故发生后，行政机关采取应急处置措施应当以必要、合理、适度为原则。对必要、合理、适度的处置费用，应当作为追究被告人刑事责任、承担生态环境损害赔偿责任的依据。但明显超出必要、合理范围的处置费用，不应当认定为环境污染事故造成的公私财产损失，不能作为追究被告人刑事责任的依据，也不能据此作为被告人承担生态环境损害赔偿责任的依据。本案的焦点在于应急处置措施是否超出了必要、合理的限度。

一、关于用 400 余吨土壤覆盖 20 余吨废铝灰的应急处置措施是否必要、合理的问题

环境污染事故发生后，行政机关为消除危险、清除污染、防止损害后果进一步扩大所采取的应急处置手段和方式应当予以认可，但在条件允许的前提下，仍应当以必要、合理、适度处置为基本原则。本案中，相关行政机关接到报警赴现场勘查后已经确定倾倒的物质系废铝灰。废铝灰不会大面积燃烧，即使局部燃烧也只需用土壤将明火掩盖即可。对废铝灰的处置技术即“泥土覆盖”技术相对简单且具有普遍适用性。本案应急处置与污染事件发生间隔几天，时间上已经不具有紧迫性，应急处置人员有充足的时间研究、制订更加合理的方案。行政机关组织人员采用土壤混合搅拌的措施具有可行性，能够达到应急的效果，但使用的泥土量应当在合理、必要范围内。本案实际清挖出混合物数量为 453.84 吨，是专家建议最高值的近 4 倍。根据适度处置、节约资源的原则并结合专家意见，酌定此污染事件清理出混合物的合理必要数量为 120 吨。

二、关于将废铝灰与土壤的混合物直接按照危险废物以 2800 元 / 吨价格委托处置是否合理的问题

江苏省环境科学研究院制作的应急处置方案明确载明，案涉废铝灰混合物转移和处置可以根据《国家危险废物名录》（2016 年版）危险废物豁免管理清单第 10 条规定，不按危险废物进行管理，并建议采用水泥窑协同处置方式进行处置，处置费用估算为 1000 元 / 吨（含运费）。故该混合物的处置、利用可以不按危险废物进行管理，直接将受污染的土壤以 1000 元 / 吨的价格送交处置更加合理。本案处置价格过高，对超出 1000 元 / 吨的部分，不予认定。

三、关于生态环境损害评估报告中未列入，但已实际发生的装车列支费用与运输费用是否应当计入应急处置费用的问题

经查，应急处置人员在实际处置废铝灰与土壤的混合物时，产生了混合物装车列支费用与运输费用。到庭的鉴定人明确表示生态环境损害评估报告中 1000 元 / 吨的处置费用包含运输费用但不包含装车列支费用，故实际处置中额外支付的运输费用，属于不必要、不合理范围，不予支持；但装车列支费用属于《最高人民法院关于审理环境民事公益诉讼案件适用法律若干问题的解释》第十九条第二款规定的“原告为停止侵害、排除妨碍、消除危险采取合理预防、处置措施而发生的费用”，予以支持。

四、关于公私财产损失数额认定及附带民事公益诉讼赔偿数额认定的问题

经查，本案的公私财产损失包括污染环境行为直接造成的财产损失、减少的实际价值，亦包括污染场地回填等为防止污染扩大、消除污染而采取必要合理措施所产生的费用，以及处置突发环境事件的应急监测费用。依据江苏省环境科学研究院评估，结合实际处置情况，认定左某、徐某污染环境行为造成的公私财产损失数额如下：（1）财产损害费用 3400 元，即清理过程中造成农户的小麦、油菜、蚕豆、蔬菜损失共计 3400 元。（2）应急处置费用 156 489 元，包括：①应急监测费用 7200 元；②清理费用 20 137 元；③处置费用 129 152 元。（3）生态环境损害费用 18 000 元。坑塘经过应急清理后已基本消除污染，但需要进行回填恢复，填土费用 18 000 元。以上费用共计 177 889 元。即公私财产损失数额应当认定为 177 889 元，但未达到司法解释规定的 100 万元，不属于后果特别严重情节。

附带民事公益诉讼起诉人主张赔偿的生态环境损害数额包括上述公私财产损失数额，同时还包括生态环境损害赔偿鉴定及评估费用、应急方案编制费用共计 40 万元。综上所述，被告人左某、徐某应当承担的生态环境损害赔偿数额共计 577 889 元。

【审理法院及合议庭成员】

一审：江苏省盱眙县人民法院 孙在桐、蒋莹莹、王玉林、张春艳、翟顺昌、陈志艺、薛琴

三、上海市人民检察院第三分院诉郎溪某固体废物处置有限公司、宁波某贸易有限公司、黄某庭、薛某环境污染民事公益诉讼案

【关键词】

民事 / 环境污染民事公益诉讼 / 固体废物 / 走私 / 处置费用

【裁判要点】

1. 侵权人走私固体废物，造成生态环境损害或者具有污染环境、破坏生态重大风险，国家规定的机关或者法律规定的组织请求其依法承担生态环境侵权责任的，人民法院应予支持。在因同一行为引发的刑事案件中未被判处刑事责任的侵权人主张不承担生态环境侵权责任的，人民法院不予支持。

2. 对非法入境后因客观原因无法退运的固体废物采取无害化处置是防止生态环境损害发生和扩大的必要措施，所支出的合理费用应由侵权人承担。侵权人以固体废物已被行政执法机关查扣没收，处置费用应纳入行政执法成本作为抗辩理由的，人民法院不予支持。

【基本案情】

2015 年年初，被告郎溪某固体废物处置有限公司（以下简称某处置公司）法定代表人联系被告黄某庭，欲购买进口含铜

上海港口（图片来源：审理法院）

固体废物，黄某庭随即联系被告宁波某贸易有限公司（以下简称某贸易公司）实际经营者陈某君以及被告薛某，商定分工开展进口含铜固体废物的活动。同年 9 月，薛某在韩国组织了一票 138.66 吨的铜污泥，由某贸易公司以铜矿砂品名制作了虚假报关单证，并将进口的货物清单以传真等方式告知某处置公司，某处置公司根据货物清单上的报价向某贸易公司支付了货款 458 793.9 元，再由黄某庭在上海港报关进口。后该票固体废物被海关查获滞留港区，无法退运，危害国家生态环境安全。上海市固体废物管理中心认为，案涉铜污泥中含有大量重金属，应从严管理，委托有危险废物经营许可证单位进行无害化处置。经上海市价格认证中心评估，案涉铜污泥处置费用为 1 053 700 元。

另查明，2017 年 12 月 25 日，上海市人民检察院第三分院就某贸易公司、黄某庭、薛某共同实施走私国家禁止进口固体废物的行为，向上海市第三中级人民法院提起公诉。上海市第三中级人民法院于 2018 年 9 月 18 日作出（2018）沪 03 刑初 8 号刑事判决，判决某贸易公司犯走私废物罪，判处罚金 20 万元；黄某庭犯走私废物罪，判处有期徒刑四年，并处罚金 30 万元；薛某犯走私废物罪，判处有期徒刑二年，并处罚金 5 万元。该刑事判决已生效。

【裁判结果】

上海市第三中级人民法院于 2019 年 9 月 5 日作出（2019）沪 03 民初 11 号民事判决：被告某贸易公司、黄某庭、薛某、某处置公司于判决生效之日起十日内，连带赔偿非法进口固体废物（铜污泥）的处置费 1 053 700 元。某处置公司不服，提起上诉。上海市高级人民法院于 2020 年 12 月 25 日作出（2019）沪民终 450 号民事判决：驳回上诉，维持原判。

【裁判理由】

法院生效裁判认为，行为人未在走私废物犯罪案件中被判处刑事责任，不代表其必然无须在民事公益诉讼中承担民事责任，是否应当承担民事责任，需要依据民事法律规范予以判断，若符合相应民事责任的构成要件，则仍应承担民事赔偿责任。本案中，相关证据能够证明某处置公司与某贸易公司、黄某庭、薛某之间就进口铜污泥的行为存在共同商议，其属于进口铜污泥行为的需求方和发起者，具有共同的侵权故意，符合共同实施环境民事侵权行为的构成要件。

对于非法入境的国家禁止进口的固体废物，即使因被查扣尚未造成实际的生态环境损害，但对国家生态环境安全存在重大侵害风险的，侵权行为人仍应负有消除危险的民事责任。相关行为人应当首先承担退运固体废物的法律责任，并由其自行负担退运成本，在无法退运的情形下，生态环境安全隐患和影响仍客观存在，行为人不应当因无法退运而免除排除污染风险的法律责任。故在本案中，四被告应当共同承担消除危险的民事责任。

针对非法入境而滞留境内的固体废物，无害化处置是消除危险的必要措施，相应的处置费用应由侵权行为人承担。为防止生态环境损害的发生，行为人应当承担为停止侵害、消除危险等采取合理预防、处置措施而发生的费用。案涉铜污泥无法退运，为消除环境污染危险，需要委托有关专业单位采取无害化处置，此系必要的、合理的预防处置措施。相关费用属于因消除污染危险而产生的费用，某处置公司与其他各方应承担连带赔偿责任。侵权行为人以固体废物已被行政执法机关查扣没收，处置费用应纳入行政执法成本作为抗辩理由，不应予以支持。

【审理法院及合议庭成员】

一审：上海市第三中级人民法院 陈亚娟、黄旻若、姚建中、黄田花、顾月琴、吴惠丽、杨智勇

二审：上海市高级人民法院 殷勇磊、张心全、陈振宇

长江口东滩湿地（摄影：黎军）

四、重庆市人民检察院第五分院诉重庆某电力设备制造有限公司等环境污染民事公益诉讼案

【关键词】

民事 / 环境污染民事公益诉讼 / 环保技术改造 / 费用抵扣 / 生态环境损害赔偿金

【裁判要点】

1. 受损生态环境无法修复或无修复必要，侵权人在已经履行生态环境保护法律法规规定的强制性义务基础上，通过资源节约集约循环利用等方式实施环保技术改造，经评估能够实现节能减排、减污降碳、降低风险效果的，人民法院可以根据侵权人的申请，结合环保技术改造的时间节点、生态环境保护守法情况等因素，将由此产生的环保技术改造费用适当抵扣其应承担的生态环境损害赔偿金。

2. 为达到环境影响评价要求、排污许可证设定的污染物排放标准或者履行其他生态环境保护法律法规规定的强制性义务而实施环保技术改造发生的费用，侵权人申请抵扣其应承担的生态环境损害赔偿金的，人民法院不予支持。

【基本案情】

被告重庆某化工有限公司（以下简称

重庆乡村（摄影：韩云）

某化工公司）、重庆某电力设备制造有限公司（以下简称某电力设备公司）、重庆某铁塔制造有限公司（以下简称某铁塔制造公司）均无危险废物经营资质。2015 年 4 月 10 日，某化工公司分别与某电力设备公司、某铁塔制造公司签订合同，约定某化工公司以 420 元 / 吨的价格向某电力设备公司、某铁塔制造公司出售盐酸，由某化工公司承担运费。前述价格包含销售盐酸的价格和某化工公司将废盐酸运回进行处置的费用。2015 年 7 月开始，某化工公司将废盐酸从某电力设备公司、某铁塔制造公司运回后非法排放。2015 年 7 月至 2016 年 3 月，某化工公司非法排放废盐酸累计至少达 717.14 吨，造成跳蹬河污染。经评估，本次事件造成的生态环境损害数额为 6 454 260 元，同时还产生事务性费用 25 100 元及鉴定费 5000 元。本次污染事件发生后，某电力设备公司和某铁塔制造公司投入资金开展酸雾收集、助镀槽再生系统等多方面的技术改造，环境保护水平有所提升。公益诉讼起诉人重庆市人民检察院第五分院认为某化工公司、某电力设备公司和某铁塔制造公司应承担本次环境污染事件造成的损失，遂向人民法院提起诉讼，请求判决某化工公司、某电力设备公司、某铁塔制造公司承担生态环境损害赔偿金及鉴定费等共计 6 484 360 元，并向社会公众赔礼道歉。

【裁判结果】

重庆市第五中级人民法院于 2019 年 11 月 29 日作出（2019）渝 05 民初 256 号民事判决：一、被告某化工公司赔偿因非法排放废盐酸产生的生态环境修复费用 6 479 360 元、技术咨询费 5000 元，合计 6 484 360 元，限判决生效之日起十日内支付至该院指定的司法生态修复费专款账户；二、被告某电力设备公司和某铁塔制造公司对判决第一项确定的某化工公司的赔偿款分别承担 3 242 180 元的连带清偿责任；三、被告某化工公司、某电力设备公司和某铁塔制造公司在判决生效之日起三十日内在重庆市市级以上媒体向社会公众赔礼道歉。宣判后，某电力设备公司和某铁塔制造公司不服，提起上诉，并在二审中提出分期支付申请和对其技改费用予以抵扣请求。

重庆市高级人民法院于 2020 年 12 月 25 日作出（2020）渝民终 387 号民事判决：一、维持重庆市第五中级人民法院（2019）渝 05 民初 256 号民事判决第一项、第三项。二、撤销重庆市第五中级人民法院（2019）渝 05 民初 256 号民事判决第二项。三、某电力设备公司、某铁塔制造公司对某化工公司应承担的生态环境损害赔偿金分别承担 3 242 180 元的连带清偿责任，在向重庆市第五中级人民法院提供有效担保后，按照 25%、25% 及 50% 的比例分三期支付。具体支付时间为判决生效之日起十日内各支付 809 920 元及技术咨询费 2500 元；2021 年 12 月 31 日前各支付 809 920 元；2022 年 12 月 31 日前各支付 1 619 840 元。四、如果某电力设备公司、某铁塔制造公司在判决生效后实施技术改造，在相同产能的前提下明显减少危险废物的产生或降低资源的消耗，且未因环境违法行为受到处罚，其已支付的技术改造费用可以凭技术改造效果评估意见和具有法定资质的中介机构出具的技术改造投入资金审计报告，在支付第三期款项时向人民法院申请抵扣。

铜锣山矿山公园（摄影：蹇懿）

【裁判理由】

法院生效裁判认为，根据《中华人民共和国固体废物污染环境防治法》（2015年修正）第五十七条第一款规定，从事收集、贮存、处置危险废物经营活动的单位，必须向县级以上人民政府环境保护行政主管部门申请领取经营许可证；从事利用危险废物经营活动的单位，必须向国务院环境保护行政主管部门或者省、自治区、直辖市人民政府环境保护行政主管部门申请领取经营许可证。本案中，某电力设备公司、某铁塔制造公司作为危险废物的生产者，却将案涉危险废物交由未取得危险废物经营许可证的某化工公司处置，违反了危险废物污染防治的法定义务。某化工公司非法排放的危险废物中无法区分某电力设备公司、某铁塔制造公司各自提供的具体数量或所占份额，构成共同侵权，故某电力设备公司和某铁塔制造公司应对某化工公司所造成的生态环境损害承担连带责任。

环境公益诉讼作为环境保护法中重要的诉讼制度，其诉讼目的不仅是追究环境侵权责任，更重要的是督促引导环境侵权人实施环境修复，鼓励企业走生态优先、绿色发展的道路，实现环境保护同经济建设和社会发展相协调。某电力设备公司和某铁塔制造公司在案涉污染事件发生后实施技术改造，并请求以技术改造费用抵扣生态环境损害赔偿金。对技术改造费用能否用以抵扣生态环境损害赔偿金的问题，应秉持前述环境司法理念，对企业实施的环保技术改造的项目和目的加以区分，分类对待。如果企业实施的环保技术改造的项目和目的仅满足其环境影响评价要求、达到排污许可证设定的污染物排放标准或者履行其他法定的强制性义务，那么对该部分技术改造费用应不予抵扣；如果企业在已完全履行法律对企业设定的强制性环境保护义务基础之上，通过使用清洁能源、采用更优技术、工艺或设备等方式，实现资源利用率更高、污染物排放量减少、废弃物综合利用率提升等效果，则该部分技术改造费用应考虑予以适当抵扣。

本案中，由于河流具有自净能力，受到污染的水体现已无必要进行生态环境修复。某电力设备公司和某铁塔制造公司愿意继续进行技术改造，其承诺实施的技术改造，有利于实现污染物的减量化、再利用和资源化，亦有利于降低当地的环境风险。因此，将某电力设备公司和某铁塔制造公司已实际支付的环保技术改造费用用于抵扣其应承担的生态环境损害赔偿金，符合环境公益诉讼维护社会公共利益的目的。为支持企业绿色转型，鼓励某电力设备公司和某铁塔制造公司投入更多的资金用于节能减排，人民法院将某电力设备公司和某铁塔制造公司各自可以抵扣的上限设定为其应承担的生态环境损害赔偿金的50%。故某电力设备公司和某铁塔制造公司在判决生效后开展技术改造，在相同产能的前提下明显减少危险废物的产生或降低资源的消耗，且未因环境违法行为受到处罚，其已支付的技术改造费用凭技术改造效果评估意见和具有法定资质的中介机构出具的技术改造投入资金审计报告，可向人民法院申请抵扣。

在环境民事公益诉讼案件中，既要确保受损的生态环境得到及时有效修复，又要给予正确面对自身环境违法行为、愿意积极承担环境法律责任的企业继续进行合法生产经营的机会，实现保护生态环境与促进经济发展的平衡。新冠肺炎疫情期间，某电力设备公司和某铁塔制造公司的生产经营受到一定影响，且两家企业在案发后投入大量资金实施技术改造。为促发展、稳预期、保民生，最大限度维持企业的持续经营能力，对某电力设备公司和某铁塔制造公司请求分期支付的意见予以采纳，准许其两年内分三期支付生态环境损害赔偿金。

【审理法院及合议庭成员】

一审：重庆市第五中级人民法院 冉崇高、陈霞、张应洪、王评、任富民、姚天玲、许培英

二审：重庆市高级人民法院 唐亚林、赵翎、黄成

武隆羊角古镇（摄影：余庭相）

五、浙江省遂昌县人民检察院诉叶某成生态破坏民事公益诉讼案

【关键词】

民事诉讼 / 生态破坏民事公益诉讼 / 恢复性司法 / 先予执行

【裁判要点】

生态恢复性司法的核心理念为及时修复受损生态环境，恢复生态功能。生态环境修复具有时效性、季节性、紧迫性，不立即修复将导致生态环境损害扩大的，属于《中华人民共和国民事诉讼法》第一百零九条第三项规定的“因情况紧急需要先予执行的”情形，人民法院可以依法裁定先予执行。

【基本案情】

2018 年 11 月，被告叶某成雇请他人在浙江省遂昌县某村范围内（土名“龙潭湾”）的山场上清理枯死松木，其间滥伐活松树 89 株。经鉴定，叶某成滥伐的立木蓄积量为 22.9964 立方米，折合材积 13.798 立方米，且案发山场属于国家三级公益林。根据林业专家出具的修复意见，叶某成应在案涉山场补植 2 年至 3 年生木荷、枫香等阔叶树容器苗 1075 株。浙江省遂昌县人民检察院认为不需要追究叶某成的刑事责任，于 2019 年 7 月作出不起诉决定，但叶某成滥伐公益林山场林木的行为造成森林

遂昌南尖岩梯田（摄影：王久伟）

资源损失，破坏生态环境，遂于 2020 年 3 月 27 日提起环境民事公益诉讼。由于遂昌县春季绿化造林工作即将结束，公益诉讼起诉人在起诉同时提出先予执行申请，要求叶某成根据前述专家修复意见原地完成补植工作。后由于种植木荷、枫香等阔叶树的时间节点已过，难以购置树苗，经林业专家重新进行修复评估，认定根据案涉林木损毁价值及补植费用 9658.4 元核算，共需补植 1 年至 2 年生杉木苗 1288 株。公益诉讼起诉人据此于 2020 年 4 月 2 日变更诉讼请求和先予执行申请，要求叶某成按照重新出具的修复意见进行补植。

【裁判结果】

浙江省丽水市中级人民法院于 2020 年 3 月 31 日作出（2020）浙 11 民初 35 号民事裁定，裁定准予先予执行，要求被告叶某成在收到裁定书之日起三十日内在案发山场及周边完成补植复绿工作。叶某成根据变更后的修复意见，于 2020 年 4 月 7 日完成补植，浙江省遂昌县自然资源和规划局于当日验收。

浙江省丽水市中级人民法院于 2020 年 5 月 11 日作出（2020）浙 11 民初

35 号民事判决：一、被告叶某成自收到该院（2020）浙 11 民初 35 号民事裁定书之日起三十日内在“龙潭湾”山场补植 1 年至 2 年生杉木苗 1288 株，连续抚育 3 年（截止到 2023 年 4 月 7 日），且种植当年成活率不低于 95%，3 年后成活率不低于 90%；二、如果被告叶某成未按本判决的第一项履行判决确定的义务，则需承担生态功能修复费用 9658.4 元。宣判后，双方均未提出上诉，判决已发生法律效力。

【裁判理由】

法院生效裁判认为，森林生态环境修复需要考虑节气及种植气候等因素，如果未及时采取修复措施补种树苗，不仅增加修复成本，影响修复效果，而且将导致生态环境受到损害至修复完成期间的服务功能损失进一步扩大。叶某成滥伐林木、破坏生态环境的行为清楚明确，而当时正是植树造林的有利时机，及时补种树苗有利于新植树木的成活和生态环境的及时有效恢复。基于案涉补植树苗的季节性要求和修复生态环境的紧迫性，本案符合《中华人民共

浙江遂昌千佛山（摄影：王久伟）

和国民事诉讼法》（2017 年修正）第一百零六条第三项规定的因情况紧急需要先予执行的情形，故对公益诉讼起诉人的先予执行申请予以准许。

林地是森林资源的重要组成部分，是林业发展的根本。林地资源保护是生态文明建设中的重要环节，对于应对全球气候变化，改善生态环境有着重要作用。被告叶某成违反《中华人民共和国森林法》（2009 年修改）第二十三条、第三十二条的规定，未经许可，在公益林山场滥伐林木，数量较大，破坏了林业资源和生态环境，对社会公共利益造成了损害，应当承担相应的环境侵权责任。综合全案事实和鉴定评估意见，人民法院对公益诉讼起诉人要求叶某成承担生态环境修复责任的主张予以支持。

【审理法院及合议庭成员】

一审：浙江省丽水市中级人民法院 程建勇、单欣欣、聂伟杰、张锡斌、余俊、韩黎明、叶水火

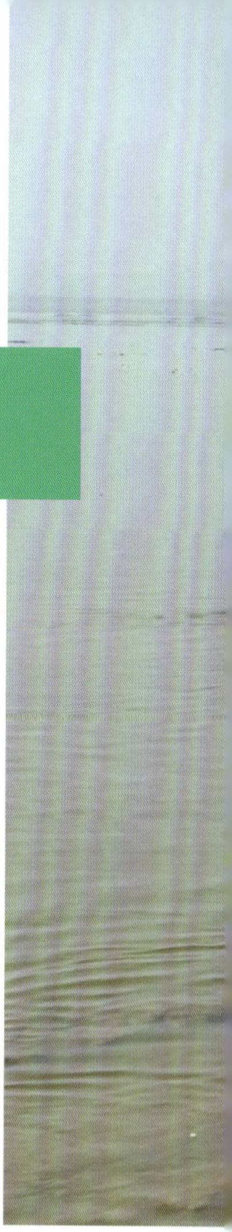

六、湖南省益阳市人民检察院诉夏某安等 15 人生态破坏民事公益诉讼案

【关键词】

民事 / 生态破坏民事公益诉讼 / 生态环境修复 / 损害担责 / 全面赔偿 / 非法采砂

【裁判要点】

人民法院审理环境民事公益诉讼案件，应当贯彻损害担责、全面赔偿原则，对于破坏生态违法犯罪行为不仅要依法追究刑事责任，还要依法追究生态环境损害民事责任。认定非法采砂行为所导致的生态环境损害范围和损失时，应当根据水环境质量、河床结构、水源涵养、水生生物资源等方面的受损情况进行全面评估、合理认定。

【基本案情】

2016 年 6 月至 11 月，被告夏某安等人为牟取非法利益，分别驾驶九江采 158 号、湘沅江采 1168 号、江苏籍 999 号等采砂船至洞庭湖下塞湖区域非规划区非法采砂，非法获利 22 433 330 元。夏某安等人的非法采砂行为构成非法采矿罪，被相关刑事生效判决予以认定。2019 年 7 月，湖南省益阳市人民检察院提起民事公

洞庭湖（摄影：黄颖）

益诉讼，请求判令夏某安等人对其非法采砂行为所造成的生态环境损害承担连带赔偿责任，并赔礼道歉。经湖南省环境保护科学研究院生态环境损害司法鉴定中心鉴定，夏某安等 15 人非法采砂行为对非法采砂区域的生态环境造成的影响分为水环境质量受损、河床结构受损、水源涵养受损和水生生物资源受损，所造成生态环境影响的空间范围共计约 9.9 万平方米，其中造成的水生生物资源损失为 26 530 元；修复水生生物资源受损和河床结构与水源涵养受损所需的费用分别为 79 690 元和 8 656 100 元，合计 8 735 790 元。

【裁判结果】

湖南省益阳市中级人民法院于 2020 年 6 月 8 日作出（2019）湘 09 民初 94 号民事判决：一、被告夏某安对非法采砂造成的采砂水域河床原始结构、水源涵养量修复费用 8 656 100 元、水生生物资源修复费用 79 690 元，共计 8 735 790 元生态环境修复费用承担赔偿责任；二、其他 14 名被告依据其具体侵权行为分别在 824 万元至 3.8 万元不等范围内承担连带责任；三、夏某安等 15 人就非法采砂行为在国家级媒体公开赔礼道歉。被告王某

非法采砂船（摄影：雷思远）

贵提出上诉，湖南省高级人民法院于2020年12月29日作出（2020）湘民终1862号民事判决：驳回上诉，维持原判。

【裁判理由】

法院生效裁判认为，根据我国相关矿产资源法律法规的规定，开采矿产资源必须依法申请许可证，取得采矿权。夏某安等15人在下塞湖区域挖取的砂石系国家矿产资源。根据沅江市砂石资源开采管理领导小组办公室证明、益阳市水务局《情况说明》、湘阴县河道砂石综合执法局证明、岳阳市河道砂石服务中心证明，并结合另案生效判决认定的事实及各被告当庭陈述，可证明被告未依法获得许可，私自开采国家矿产资源，应认定为非法采砂。

非法采砂行为不仅造成国家资源损失，还对生态环境造成损害，致使国家利益和社会公共利益遭受损失。矿产资源兼具经济属性和生态属性，不能仅重视矿产资源的经济价值保护，而忽视矿产资源生态价值救济。非法采砂违法犯罪行为不仅需要依法承担刑事责任，还要依法承担生态环境损害赔偿民事责任。应当按照“谁污染谁治理、谁破坏谁担责”的原则，依法追究非法采砂行为人的刑事、民事法律责任。

本案中，夏某安等15人的非法采砂生态破坏行为，导致了洞庭湖生态系统的损害，具体包括丰富的鱼类、虾蟹类和螺蚌等软体动物生物资源的损失，并严重威胁洞庭湖河床的稳定性及防洪安全，破坏水生生物资源繁衍生存环境。为确保生态环境损害数额认定的科学性、全面性和合理性，人民法院委托具备资格的机构进行司法鉴定，通过对生态环境损害鉴定意见的司法审查，合理确定生态破坏行为所导致生态环境损害的赔偿数额。人民法院指导鉴定专家按照全面赔偿原则，对非法采砂行为造成的采砂区域河床、水源涵养、生物栖息地、鱼虾生物资源、水环境质量等破坏情况进行全方位的鉴定，根据抽取砂土总量、膨胀系数、水中松散沙土的密度、含水比例，以及洞庭湖平均鱼类资源产量等指标量化了各类损失程度。本案各被告虽主张公共利益受损与其无关联，但其当庭陈述均认可实施了采砂行为，根据另案生效判决认定的事实及审理查明的事实，各被告实施的采砂行为非法，且鉴定意见书明确采砂行为造成生态环境受损，故认定被告的采砂行为破坏了生态环境资源。各被告未提交反驳证据推翻案涉鉴定意见，经审查，对鉴定意见载明的各项损失及修复费用予以确认。

《中华人民共和国环境保护法》第

洞庭湖（摄影：黄颖）

六十四条规定：“因污染环境和破坏生态造成损害的，应当依照《中华人民共和国侵权责任法》的有关规定承担侵权责任。”《中华人民共和国侵权责任法》第八条规定：“二人以上共同实施侵权行为，造成他人损害的，应当承担连带责任。”《最高人民法院关于审理环境民事公益诉讼案件适用法律若干问题的解释》第二十条第二款规定：“人民法院可以在判决被告修复生态环境的同时，确定被告不履行修复义务时应承担的生态环境修复费用；也可以直接判决被告承担生态环境修复费用。”根据审理查明的事实并依据上述法律规定，夏某安等 15 人在各自参与非法采砂数量范围内构成共同侵权，应在各自参与非法采砂数量范围内承担连带赔偿生态环境修复费用的民事责任。

【审理法院及合议庭成员】

一审：湖南省益阳市中级人民法院 黄柯、蒋远军、熊文佳、符芙、唐美维、曾虹、夏克军

二审：湖南省高级人民法院 伍胜、闫伟、曾志燕

七、江苏省南京市人民检察院诉王某林生态破坏民事公益诉讼案

【关键词】

民事 / 生态破坏民事公益诉讼 / 非法采矿 / 生态环境损害 / 损失整体认定 / 系统保护修复

【裁判要点】

1. 人民法院审理环境民事公益诉讼案件，应当坚持山水林田湖草沙一体化保护和系统治理。对非法采矿造成的生态环境损害，不仅要对造成山体（矿产资源）的损失进行认定，还要对开采区域的林草、水土、生物资源及其栖息地等生态环境要素的受损情况进行整体认定。

2. 人民法院审理环境民事公益诉讼案件，应当充分重视提高生态环境修复的针对性、有效性，可以在判决侵权人承担生态环境修复费用时，结合生态环境基础修复及生物多样性修复方案，确定修复费用的具体使用方向。

【基本案情】

2015 年至 2018 年，被告王某林违反国家管理矿产资源法律规定，在未取得采矿许可证的情况下，使用机械在南京市浦口区永宁镇某林场、北沿山大道建设施工红线外非法开采泥灰岩、泥页岩等

南京老山国家森林公园（摄影：雷朝凤）

南京老山国家森林公园（摄影：雷朝凤）

南京老山国家森林公园（摄影：雷朝凤）

江豚（摄影：丁杜秋）

合计十余万吨。江苏省南京市浦口区人民检察院以王某林的行为构成非法采矿罪向南京市玄武区人民法院提起公诉。该案审理期间，王某林已退赔矿石资源款4 455 998.6元。2020年3月、8月，江苏省环境科学研究院先后出具《“南京市浦口区王某林等人非法采矿案”生态环境损害评估报告》(以下简称《评估报告》)、《“南京市浦口区王某林等人非法采矿案”生态环境损害（动物类）补充说明》（以下简称《补充说明》）。江苏省南京市人民检察院认为，王某林非法采矿造成国家矿产资源和生态环境破坏，损害社会公共利益，遂提起本案诉讼，诉请判令王某林承担生态破坏侵权责任，赔偿生态环境损害修复费用1 893 112元，具体包括如下几方面：（1）生态资源的损失中林木的直接经济损失861 750元。（2）生态系统功能受到影响的损失：森林涵养水损失440 233元；水土流失损失50 850元；土壤侵蚀损失81 360元；树木放氧量减少损失64 243元；鸟类生态价值损失243 122元；哺乳动物栖息地服务价值损失18 744元。（3）修复期间生物多样性的价值损失132 810元。以及事务性费用40万元，并提出了相应的修复方案。

【裁判结果】

江苏省南京市中级人民法院于2020年12月4日作出（2020）苏01民初798号民事判决：一、被告王某林对其非法采矿造成的生态资源损失1 893 112元（已缴纳）承担赔偿责任，其中1 498 436元用于南京市某矿生态修复工程及南京市浦口区永宁街道某地质灾害治理工程，394 676元用于上述地区生物多样性的恢复及保护；二、被告王某林承担损害评估等事务性费用40万元（已缴纳），该款项于判决生效后十日内划转至江苏省南京市人民检察院。宣判后，双方均未提出上诉，判决已发生法律效力。

【裁判理由】

法院生效裁判认为，非法采矿对生态资源造成复合性危害，在长江沿岸非法露天采矿，不仅造成国家矿产资源损失，还必然造成开采区域生态环境破坏及生态要素损失。环境和生物之间、生物和生物之间协同共生，相互影响、相互依存，形成动态的平衡。一个生态要素的破坏，必然会对整个生态系统的多个要素造成不利影响。非法采矿将直接导致开采区域的植被和土壤破坏，山体损坏影响到林草蓄积，林草减少影响到水土涵养，上述生态要素的破坏又直接、间接影响到鸟类和其他动物的栖息环境，造成生态系统的整体破坏及生物多样性的减少，自然要素生态利益的系统损害必将最终影响到人类的生产生活和优美生态环境的实现。被告王某林违反《中华人民共和国矿产资源法》的规定，

未取得采矿许可证即实施非法采矿行为，造成生态环境的破坏，主观存在过错，非法采矿行为与生态环境损害之间具有因果关系，应当依照《中华人民共和国侵权责任法》第六条之规定，对其行为造成的生态环境损害后果承担赔偿责任。

一、关于生态环境损害计算问题

（一）生态资源的经济损失计算合理

非法采矿必将使被开采区域的植被遭

鸟与江豚（摄影：池艳青）

到严重破坏，受损山体的修复及自然林地的恢复均需要合理周期，即较长时间才能重新恢复林地的生态服务功能水平，故《评估报告》以具有 20 年生长年限的林地作为参照计算具有一定合理性，《评估报告》制作人关于林木经济损失计算的解释科学，故应对非法采矿行为造成林木经济损失 861 750 元依法予以认定。

（二）鸟类生态价值损失计算恰当

森林资源为鸟类提供了栖息地和食物来源，鸟类种群维持着食物链的完整性，保持营养物质循环的顺利进行，栖息地的破坏必然导致林鸟迁徙或者食物链条断裂，一旦食物链的完整性被破坏，必将对整个森林生态系统产生严重的后果。《补充说明》载明，两处非法开采点是林鸟种群的主要栖息地和适宜生境，非法采矿行为造成鸟类栖息地被严重破坏，由此必然产生种子传播收益额及改善土壤收益额的损失。鸟类为种子的主要传播者和采食者，可携带或者吞食植物种子，有利于生态系统次生林的自然演替；同时，次生林和原始森林系统的良性循环，也同样为鸟类的自然栖息地提供了庇护，对植物种子的传播具有积极意义。《补充说明》制作人从生态系统的完整性和种间生态平衡的角度，对非法采矿行为造成平衡性和生物多样性的破坏等方面对鸟类传播种子损失作出了详细解释，解释科学合理，故对非法采矿造成鸟类生态价值损失 243 122 元予以认定。

（三）哺乳动物栖息地服务价值损失客观存在

森林生态系统是陆地生态系统的重要组成部分，同时也是哺乳动物繁衍和生存的主要栖息地之一。哺乳动物不仅对维持生态系统平衡有重要作用，还能够调节植物竞争，维护生态系统物种多样性以及参与物质和能量循环等，是改变生态系统内部各构件配置的最基本动力。虽然因客观因素无法量化栖息地生态环境损害价值，但非法采矿行为造成山体破坏和植被毁坏，导致哺乳动物过境受到严重影响，哺乳动物栖息地服务价值损失客观存在。结合案涉非法采矿区域位于矿坑宕口及林场路口的实际情况，综合考虑上述区域植被覆盖率以及人类活动影响造成两区域内哺乳动物的种类和数量较少等客观因素，公益诉讼起诉人主张按照其他生态环境损失 1 874 368 元的 1% 计算哺乳动物栖息地服务价值损失 18 744 元具有一定的合理性，应当依法予以支持。

二、关于生态环境修复问题

恢复性司法理念要求受损的生态环境切实得到有效修复，系统保护需要从各个生态要素全方位、全地域、全过程保护，对破坏生态所造成的损失修复，也要从系统的角度对不同生态要素所遭受的实际影响予以综合考量，注重从源头上系统开展生态环境修复，注重自然要素生态利益的有效发挥，为长江流域生态系统提供切实有效的保护。鉴于非法采矿给生态环境造成了严重的破坏，应当采取措施消除受损山体存在的地质灾害隐患，以及从尽可能恢复其生态环境功能的角度出发，结合经济、社会、人文等实际发展需要进行总体分析判断。

案涉修复方案涵盖了山体修复、植被复种、绿地平整等生态修复治理的多个方面，充分考虑了所在区域生态环境结构的功能定位，体现了强化山水林田湖草沙等各种生态要素协同治理的理念，经法庭技术顾问论证，结论科学，方法可行。王某林赔偿的生态环境损失费用中，属于改善受破坏的自然环境状况，恢复和维持生态环境要素正常生态功能发挥范畴的，可用于侵权行为发生地生态修复工程及地质灾害治理工程使用。本案中生物栖息地也是重要的生态保护和修复目标，生物多样性受到影响的损失即鸟类生态价值损失、哺乳动物栖息地服务价值损失、修复期间生物多样性价值恢复费用属于生物多样性恢复考量范畴，可在基础修复工程完成后，用于侵权行为发生地生物多样性的恢复及

修复效果对比图（图片来源：审理法院）

保护使用。

综上所述，法院最终判决王某林对其非法采矿造成的生态资源损失承担赔偿责任，并在判决主文中写明了生态修复、地质治理等项目和生物多样性保护等费用使用方向。

【审理法院及合议庭成员】

一审：江苏省南京市中级人民法院

陈迎、姜立、刘尚雷、陈美芳、毛建美、丁茜、任重远

八、重庆市人民政府、重庆某志愿服务发展中心诉重庆某物业管理有限公司、重庆某环保科技有限公司生态环境损害赔偿、环境污染民事公益诉讼案

【关键词】

民事 / 生态环境损害赔偿诉讼 / 环境民事公益诉讼 / 委托排污 / 共同侵权 / 生态环境修复费用 / 虚拟治理成本法

【裁判要点】

1. 取得排污许可证的企业，负有确保其排污处理设备正常运行且排放物达到国家和地方排放标准的法定义务，委托其他单位处理的，应当对受托单位履行监管义务；明知受托单位违法排污不予制止甚或提供便利的，应当对环境污染损害承担连带责任。

2. 污染者向水域排污造成生态环境损害，生态环境修复费用难以计算的，可以根据环境保护部门关于生态环境损害鉴定评估有关规定，采用虚拟治理成本法对损害后果进行量化，根据违法排污的污染物种类、排污量及污染源排他性等因素计算生态环境损害量化数额。

【基本案情】

重庆某电镀工业园位于重庆市江北区某工业园区内，是该工业园区内唯一的电镀工业园，园区内有若干电镀企业入驻。被告重庆某物业管理有限公司（以下简称

山城重庆（摄影：刘金林）

某物业公司）为园区入驻企业提供物业管理服务，并负责处理企业产生的废水。某物业公司领取了排放污染物许可证，并拥有废水处理的设施设备。2013 年 12 月 5 日，某物业公司与被告重庆某环保科技有限公司（以下简称某环保公司）签订为期 4 年的《电镀废水处理委托运行承包管理运行协议》（以下简称《委托运行协议》），某环保公司承接案涉电镀工业园废水处理项目，该园区废水由某物业公司交由某环保公司使用某物业公司所有的废水处理设备进行处理。

2016 年 4 月 21 日，重庆市环境监察总队执法人员在对某物业公司的废水处理站进行现场检查时，发现废水处理站中两个总铬反应器和一个综合反应器设施均未运行，生产废水未经处理便排入外环境。2016 年 4 月 22 日至 26 日，经执法人员采样监测分析发现外排废水重金属超标，违法排放废水总铬浓度为 55.5mg/L，总锌浓度为 2.85x102mg/L，总铜浓度为 27.2mg/L，总镍浓度为 41mg/L，分别超过《电镀污染物排放标准》（GB 21900-2008）的规定标准 54.5 倍、189 倍、53.4 倍、81 倍，对生态环境造成严重影响和损害。2016 年 5 月 4 日，执法人员再次进行现场检查，发现案涉废水处理站 1 号综合废水调节池的含重金属废水通过池壁上的 120mm 口径管网未经正常处理直接排放至外环境并流入园区市政管网再进入长江。经监测，1 号池内渗漏的废水中六价铬浓度为 6.10mg/L，总铬浓度为 10.9mg/L，分别超过国家标准 29.5 倍、9.9 倍。从 2014 年 9 月 1 日至 2016 年 5 月 5 日违法排放废水量共计 145 624 吨。还查明，2014 年 8 月，某物业公司将原废酸收集池改造为 1 号综合废水调节池，传送废水也由地下管网改为高空管网作业。该池池壁上原有 110mm 和 120mm 口径管网各一根，改造时只封闭了 110mm 口径管网，而未封闭 120mm 口径管网，该未封闭管网系埋于地下的暗管。某环保公司自 2014 年 9 月起，在明知池中有一根 120mm 管网可以连通外环境的情况下，仍然一直利用该管网将未经处理的含重金属废水直接排放至外环境。

受重庆市人民政府委托，重庆市环境科学研究院对某物业公司和某环保公司违法排放超标废水造成生态环境损害进行鉴定评估，并于2017年4月出具《鉴定评估报告书》。该评估报告载明：本事件污染行为明确，污染物迁移路径合理，污染源与违法排放至外环境的废水中污染物具有同源性，且污染源具有排他性。污染行为发生持续时间为2014年9月1日至2016年5月5日，违法排放废水共计145 624吨，其主要污染因子为六价铬、总铬、总锌、总镍等，对长江水体造成严重损害。《鉴定评估报告书》采用《生态环境损害鉴定评估技术指南总纲》《环境损害鉴定评估推荐方法（第II版）》推荐的虚拟治理成本法对生态环境损害进行量化，按22元/吨的实际治理费用作为单位虚拟治理成本，再乘以违法排放废水数量，计算出虚拟治理成本为3 203 728元。违法排放废水点为长江干流主城区段水域，适用功能类别属III类水体，根据虚拟治理成本法的“污染修复费用的确定原则”III类水体的倍数范围为虚拟治理成本的4.5至6倍，本次评估选取最低倍数4.5倍，最终评估出二被告违法排放废水造成的生态环境污染损害量化数额为14 416 776元

武陵山大裂谷（图片来源：武陵山大裂谷景区）

（3 203 728 元 ×4.5 倍 = 14 416 776 元）。重庆市环境科学研究院是环境保护部《关于印发〈环境损害鉴定评估推荐机构名录（第一批）〉的通知》中确认的鉴定评估机构。

2016 年 6 月 30 日，重庆市环境监察总队以某物业公司从 2014 年 9 月 1 日至 2016 年 5 月 5 日通过 1 号综合调节池内的 120mm 口径管网将含重金属废水未经废水处理站总排口直接排入港城园区市政废水管网进入长江为由，作出行政处罚决定，对某物业公司罚款 5 807 200 元。某物业公司不服申请行政复议，重庆市环境保护局作出维持行政处罚决定的复议决定。后某物业公司诉至重庆市渝北区人民法院，要求撤销行政处罚决定和行政复议决定。重庆市渝北区人民法院于 2017 年 2 月 28 日作出（2016）渝 0112 行初 324 号行政判决，驳回某物业公司的诉讼请求。判决后，双方均未提起上诉，该判决发生法律效力。

2016 年 11 月 28 日，重庆市渝北区人民检察院向重庆市渝北区人民法院提起公诉，指控某环保公司及其法定代表人程某等构成污染环境罪，应依法追究刑事责任。重庆市渝北区人民法院于2016年12月29日作出（2016）渝0112刑初1615号刑事判决，判决某环保公司、程某等人构成污染环境罪。该判决已发生法律效力。

【裁判结果】

重庆市第一中级人民法院于2017年12月22日作出（2017）渝01民初773号民事判决：一、被告某物业公司和被告某环保公司连带赔偿生态环境修复费用14 416 776元，于判决生效后十日内交付至重庆市财政局专用账户，由原告重庆市人民政府及其指定的部门和原告重庆某志愿服务发展中心结合本区域生态环境损害情况用于开展替代修复；二、被告某物业公司和被告某环保公司于判决生效后十日内，在省级或以上媒体向社会公开赔礼道歉；三、被告某物业公司和被告某环保公司在判决生效后十日内给付原告重庆市人民政府鉴定费5万元，律师费19.8万元；四、被告某物业公司和被告某环保公司在判决生效后十日内给付原告重庆某志愿服务发展中心律师费8万元；五、驳回原告重庆市人民政府和原告重庆某志愿服务发展中心其他诉讼请求。宣判后，各方均未提出上诉，判决已发生法律效力。

【裁判理由】

法院生效裁判认为，重庆市人民政府依据2015年《生态环境损害赔偿制度改革试点方案》规定有权提起生态环境损害赔偿诉讼，重庆某志愿服务发展中心具备

武陵山大裂谷

（图片来源：武陵山大裂谷景区）

合法的环境公益诉讼主体资格，二原告基于不同的规定而享有各自的诉权，均应依法予以保护。鉴于两案原告基于同一污染事实与相同被告提起诉讼，诉讼请求基本相同，故将两案合并审理。

本案的争议焦点如下。

一、关于《鉴定评估报告书》认定的污染物种类、污染源排他性、违法排放废水计量以及损害量化数额是否准确

首先，关于《鉴定评估报告书》认定的污染物种类、污染源排他性和违法排放废水计量是否准确的问题。污染物种类、污染源排他性及违法排放废水计量均已被（2016）渝0112行初324号行政判决直接或者间接确认，本案中二被告并未提供相反证据来推翻该判决，故对《鉴定评估报告书》依据的上述环境污染事实予以确认。具体而言，一是关于污染物种类的问题。除了生效刑事判决所认定的总铬和

六价铬之外，二被告违法排放的废水中还含有重金属物质如总锌、总镍等，该事实得到了江北区环境监测站、重庆市环境监测中心出具的环境监测报告以及（2016）渝 0112 行初 324 号生效行政判决的确认，也得到了某环保公司法定代表人程某在调查询问中的确认。二是关于污染源排他性的问题。二被告辩称，江北区环境监测站出具的江环（监）字〔2016〕第 JD009 号分析报告单确定的取样点 W4、W6 位置高于案涉废水处理站，因而该两处检出污染物超标不可能由二被告的行为所致。由于被污染水域具有流动性的特征和自净功能，水质得到一定程度的恢复，鉴定机构在鉴定时客观上已无法再在废水处理站周围提取到违法排放废水行为持续时所流出的废水样本，故只能依据环境行政执法部门在查处二被告违法行为时通过取样所固定的违法排放废水样本进行鉴定。在对案涉废水处理情况进行环保执法的过程中，先后在多个取样点进行过数次监测取样，除江环（监）字〔2016〕第 JD009 号分析报告单以外，江北区环境监测站与重庆市环境监测中心还出具了数份监测报告，重庆市环境监察总队的行政处罚决定和重庆市环境保护局的复议决定是在对上述监测报告进行综合评定的基础上作出的，并非单独依据其中一份分析报告书或者监测报告作出。环保部门在整个行政执法包括取样等前期执法过程中，其行为的合法性和合理性已经得到了生效行政判决的确认。同时，上述监测分析结果显示废水中的污染物系电镀行业排放的重金属废水，在案证据证实案涉区域唯有案涉一家电镀工业园，而且环境监测结果与案涉废水处理站违法排放废水种类一致，以上事实证明上述取水点排出的废水来源仅可能来自案涉废水处理站，故可以认定污染物来源具有排他性。三是关于违法排污计量的问题。根据生效刑事判决和行政判决的确认，并结合行政执法过程中的调查询问笔录，可以认定铬调节池的废水进入 1 号综合废水调节池，利用 1 号池安装的 120mm 口径管网将含重金属的废水直接排入外环境并进入市政管网这一基本事实。经庭审查明，《鉴定评估报告书》综合各项证据，采用用水总量减去消耗量、污泥含水量、

仙女山芙蓉洞（摄影：王俊杰）

在线排水量、节假日排水量的方式计算出违法排放废水量，其所依据的证据和事实或者已得到被告方认可或生效判决确认，或者相关行政行为已通过行政诉讼程序的合法性审查，其所采用的计量方法具有科学性和合理性。综上所述，某物业公司和某环保公司提出的污染物种类、违法排放废水量和污染源排他性认定有误的异议不能成立。

其次，关于《鉴定评估报告书》认定的损害量化数额是否准确的问题。原告方委托重庆市环境科学研究院就本案的生态环境损害进行鉴定评估并出具了《鉴定评估报告书》，该报告确定二被告违法排污造成的生态环境损害量化数额为14 416 776元。经查，重庆市环境科学研究院是环境保护部《关于印发〈环境损害鉴定评估推荐机构名录（第一批）〉的通知》中确立的鉴定评估机构，委托其进行本案的生态环境损害鉴定评估符合司法解释之规定，其具备相应鉴定资格。根据环境保护部组织制定的《生态环境损害鉴定评估技术指南总纲》《环境损害鉴定评估推荐方法（第II版）》，鉴定评估可以采用虚拟治理成本法对事件造成的生态环境损害

武隆天生三桥（摄影：王俊杰）

进行量化，量化结果可以作为生态环境损害赔偿的依据。鉴于本案违法排污行为持续时间长、违法排放数量大，且长江水体处于流动状态，难以直接计算生态环境修复费用，故《鉴定评估报告书》采用虚拟治理成本法对损害结果进行量化并无不当。《鉴定评估报告书》将 22 元 / 吨确定为单位实际治理费用，系根据重庆市环境监察总队现场核查某物业公司财务凭证，并结合对某物业公司法定代表人孙某良的调查询问笔录而确定。《鉴定评估报告书》根据《环境损害鉴定评估推荐方法（第 II 版）》，III 类地表水污染修复费用的确定原则为虚拟治理成本的 4.5 倍至 6 倍，结合本案污染事实，取最小倍数即 4.5 倍计算得出损害量化数额为 3 203 728 元 ×4.5 倍 = 14 416 776 元，亦无不当。

综上所述，《鉴定评估报告书》的鉴定机构和鉴定评估人资质合格，鉴定评估委托程序合法，鉴定评估项目负责人亦应法庭要求出庭接受质询，鉴定评估所依据的事实有生效法律文书支撑，采用的计算方法和结论科学有据，故对《鉴定评估报告书》及所依据的相关证据予以采信。

二、关于某物业公司与某环保公司是否构成共同侵权

某环保公司是明知1号废水调节池池壁上存在120mm口径管网并故意利用其违法排污的直接实施主体，其理应对损害后果承担赔偿责任，对此应无疑义。本案争议焦点的核心问题在于如何评价某物业公司的行为，其与某环保公司是否构成共同侵权。法院认为，某物业公司与某环保公司构成共同侵权，应当承担连带责任。

第一，我国实行排污许可制，该制度是国家对排污者进行有效管理的手段，取得排污许可证的企业即是排污单位，负有依法排污的义务，否则将承担相应法律责任。某物业公司持有排污许可证，必须确保按照许可证的规定和要求排放。某物业公司以委托运行协议的形式将废水处理交由专门从事环境治理业务（含工业废水运营）的某环保公司作业，该行为并不为法律所禁止。但是，无论是自行排放还是委托他人排放，某物业公司都必须确保其废水处理站正常运行，并确保排放物达到国家和地方排放标准，这是取得排污许可证企业的法定责任，该责任不能通过民事约定来解除。申言之，某物业公司作为排污主体，具有监督某环保公司合法排污的法定责任，依照《委托运行协议》其也具有监督某环保公司日常排污情况的义务，本案违法排污行为持续了1年8个月，某物业公司显然未尽监管义务。

第二，无论是作为排污设备产权人和排污主体的法定责任，还是按照双方协议约定，某物业公司均应确保废水处理设施设备正常、完好。2014年8月，某物业公司将废酸池改造为1号废水调节池并将地下管网改为高空管网作业时，未按照正常处理方式对池中的120mm口径暗管进行封闭，某物业公司亦未举证证明不封闭暗管的合理合法性，而某环保公司正是通过该暗管实施违法排放。也就是说，某物业公司明知为某环保公司提供的废水处理设备留有可以实施违法排放的管网，据此可以认定其具有违法故意，且客观上为违法排放行为的完成提供了条件。

龙水峡地缝（摄影：王俊杰）

第三，待处理的废水是由某物业公司提供给某环保公司的，那么某物业公司知道需处理的废水数量。同时某物业公司作为排污主体，负责向环保部门缴纳排污费，其也知道合法排放的废水数量。加之作为物业管理部门，其对于园区企业产生的实际用水量亦是清楚的。而这几个数据结合起来，即可确知违法排放行为的存在，因此可以认定某物业公司知道某环保公司在实施违法排污行为，但其却放任某环保公司违法排放废水，同时还继续将废水交由某环保公司处理，可以视为其与某环保公司形成了默契，具有共同侵权的故意，且共同造成了污染后果。

第四，环境侵权案件具有侵害方式的复合性、侵害过程的复杂性、侵害后果的

仙女山草原（摄影：王俊杰）

隐蔽性和长期性，其证明难度尤其是对于排污企业违法排污主观故意的证明难度较高，且本案又涉及对环境公益的侵害，故应充分考虑到此类案件的特殊性，通过准确把握举证证明责任和归责原则来避免责任逃避和公益受损。综上所述，根据本案事实和证据，某物业公司与某环保公司构成环境污染共同侵权的证据已达到高度盖然性的民事证明标准，应当认定某物业公司和某环保公司对于违法排污存在主观上的共同故意和客观上的共同行为，二被告构成共同侵权，应承担连带责任。

【审理法院及合议庭成员】

一审：重庆市第一中级人民法院 裘晓音、贾科、张力

九、山东省烟台市人民检察院诉王某殿、马某凯环境污染民事公益诉讼案

【关键词】

民事 / 环境民事公益诉讼 / 水污染 / 生态环境修复责任 / 自净功能

【裁判要点】

污染者违反国家规定向水域排污造成生态环境损害，以被污染水域有自净功能、水质得到恢复为由主张免除或者减轻生态环境修复责任的，人民法院不予支持。

【基本案情】

2014 年 2 月至 2014 年 4 月，被告王某殿、马某凯在未办理任何注册、安检、环评等手续的情况下，在莱州市柞村镇某车间从事盐酸清洗长石颗粒项目，王某殿提供场地、人员和部分资金，马某凯出资建设反应池、传授技术、提供设备、购进原料、出售成品。在作业过程中产生约 60 吨废酸液，该废酸液先被王某殿储存于厂院北墙外的废水池内，储存于废水池期间存在明显的渗漏迹象，渗漏的废酸液对废水池周边土壤和地下水造成污染。后废酸液又被通过厂院东墙和西墙外的排水沟排入村北的消水河，对消水河内水体造成污染。2014 年 4 月底，王某殿、马某凯盐酸清洗长石颗粒作业被莱州市公安局查获关停后，盐酸清洗长石颗粒剩余的 20 余吨废酸液被王某殿填埋在反应池内。该废酸液经莱州市环境监测站监测和莱州市环境保护局认定，监测 pH 值小于 2，根据《国家危险废物名录》（2016 年版）及危险废

烟台庙会风俗（摄影：鲁义亭）

物鉴定标准和鉴别方法，属于废物类别为“HW34 废酸中代码为 900-300-34”的危险废物。2016 年 6 月 1 日，被告人马某凯因犯污染环境罪，被判处有期徒刑一年六个月，缓刑二年，并处罚金 2 万元（所判罚金已缴纳）；被告人王某殿犯污染环境罪，被判处有期徒刑一年二个月，缓刑二年，并处罚金 2 万元（所判罚金已缴纳）。

莱州市公安局负责办理王某殿污染环境刑事一案，莱州市公安局食药环侦大队《现场勘验检查工作记录》中记载：“中心现场位于某废弃车间内。车间内西侧南北方向排列有两个长 20m、宽 6m、平均深 1.5m 的反应池，反应池底部为斜坡。车间北侧见一夹道，夹道内见三个长 15m、宽 2.6m、深 2m 的水泥池。”现车间内西侧的北池废酸液被沙土填埋，受污染沙土总重为 223 吨。

2015 年 11 月 27 日，莱州市公安局食品药品与环境犯罪侦查大队委托山东省

烟台昆嵛山（图片来源：昆嵛山国家级自然保护区管理委员会）

环境保护科学研究设计院环境风险与污染损害鉴定评估中心对王某殿、马某凯污染环境案造成的环境损害程度及数额进行鉴定评估。该机构于 2016 年 2 月作出案涉环境损害检验报告，认定本次评估可量化的环境损害为应急处置费用和生态环境损害费用，应急处置费用为酸洗池内受污染沙土的处置费用 5.6 万元，生态环境损害费用为偷排酸洗废水造成的生态损害修复费用 72 万元，合计为 77.6 万元。

2016 年 4 月 6 日，山东省莱州市人民检察院向莱州市环境保护局发出检察建议，“建议对消水河流域的其他企业、小车间等的排污情况进行全面摸排，看是否还存在向消水河流域排放污染物的行为”。莱州市环境保护局于同年 5 月 3 日回复称，“我局在收到检察建议书后，立即组织执法人员对消水河流域的企业、小车间的排污情况进行全面排查，经严格执法，未发现有向消水河流域排放废酸等危险废物的环境违法行为”。

2017 年 2 月 8 日，山东省烟台市中级人民法院会同公益诉讼起诉人及王某殿、马某凯、烟台市环境保护局、莱州市环境保护局、当地村民委员会对王某殿、马某凯实施侵权行为产生的污染区域包括酸洗池内的沙土和周边居民区的部分居民家中水井地下水进行了现场勘验并取样监测，取证现场拍摄照片 22 张。环保部门向人民法院提交了 2017 年 2 月 13 日水质监测达标报告（8 个监测点位水质监测结果均为达标）及其委托专业检测公司出具的 2017 年 2 月 14 日酸洗池固体废物检测报告（酸洗反应南池 –40 ㎝ pH 值 =9.02，–70 ㎝ pH 值 =9.18，北池 –40 ㎝ pH 值 =2.85，–70 ㎝ pH 值 =2.52）。公益诉讼起诉人向人民法院提交的 2017 年 3 月 3 日由莱州市环境保护局委托专业检测公司对王某殿酸洗池废池的检测报告载明：反应池南池 –1.2m pH 值 =9.7，北池 –1.2m pH 值 < 2。公益诉讼起诉人认为，《危险废物鉴别标准浸出毒性鉴别》（GB 5085.3-2007）和《土壤环境监测技术规范》（HJ/T 166-2004）规定，pH 值≥12.5 或者≤2.0 时为具有腐蚀性的危险废物。《国家危险废物名录》（2016 年版）HW34 废酸一项 900-300-34 类为“使用酸进行清洗产生的废酸液”；HW49 其他废物一项 900-041-49 类为“含有或沾染毒性、感染性危险废物的废弃包装物、容器、过滤吸附介质”。案涉酸洗池内受污染沙土属于危险废物，酸洗池内的受污染沙土总量都应该按照危险废物进行处置。

公益诉讼起诉人提交的山东省地质环境监测总站水工环高级工程师刘某金就地下水污染演变过程所做的咨询报告专家意见载明：“一、地下水环境的污染发展过程。1. 污染因子通过地表入渗进入饱和带（潜水含水层地下水水位以上至地表的地层），通过渗漏达到地下水水位进入含水层。2. 进入含水层，初始在水头压力作用下向四周扩散形成一个沿地下水流向展布的似圆状污染区。3. 当污染物持续入渗，在地下水水动力的作用下，污染因子随着地下水径流向下游扩散，一般沿地下水流向以初始形成的污染区为起点呈扇形或椭圆形向下流拓展扩大。4. 随着地下水径流形成的污染区不断拓展，污染面积不断扩大，污染因子的浓度不断增大，造成对地下水环境的污染，在污染源没有切断的情况下，污染区将沿着地下水径流方向不断拓展。二、污染区域的演变过程、地下水污染的演变过程，主要与受污染的持续性、包气带的渗漏性、含水层的渗透性、土壤及含水层岩土的吸附性、地下水径流条件等因素密切相关。1. 长期污染演变过程。在污染因子进入地表通过饱和带向下渗漏的过程中，部分被饱和带岩土吸附，污染包气带的岩土层；初始进入含水层的污染因子浓度较低，当经过一段时间渗漏途经吸附达到饱和后，进入含水层的污染因子浓度将逐渐接近或达到污水的浓度。污染因子进入含水层向下游拓展过程中，通过地下水的稀释和含水层的吸附，开始会逐渐降低。达到饱和后，随着污染因子的不断注入，达到一定浓度的污染区将不断向下游拓展，污染区域面积将不断扩大。2. 短期污染演变过程。短期污染是指污水进入地下水环境经过一定时期，消除污染源，已进入地下水环境的污染因子和污染区域的变化过程。（1）污染因子的演变过程。在消除污染源阻断污染因子进入地下水环境的情况下，随着上游地下水径流和污染区地下水径流扩大区域的地下水的稀释及含水层岩土的吸附作用，污染水域的地下水浓度将逐渐降低，水质逐渐好转。（2）污染区域的变化。在消除污染源，污水阻止进入含水层后，随着时间的推移，在地下水径流水动力的作用下，整个地下水污染区将逐渐向下游移动扩大，随着污染区扩大、岩土吸附作用的加强，含水层中地下水水质将逐渐好转，在经过一定时间后，污染因子将吸附于岩土层和稀释于地下水中，改善污染区地下水环境，最终使原污染区达到有关水质要求标准。”

【裁判结果】

山东省烟台市中级人民法院于2017年5月31日作出（2017）鲁06民初8号民事判决：一、被告王某殿、马某凯在判决生效之日起三十日内在烟台市环境保护局的监督下按照危险废物的处置要求将酸洗池内受污染沙土223吨进行处置，消除危险；如不能自行处置，则由环境保护主管部门委托第三方进行处置，被告王某殿、马某凯赔偿酸洗危险废物处置费用5.6万元，支付至烟台市环境公益诉讼基金账户；二、被告王某殿、马某凯在判决生效之日起九十日内对案涉车间周边地下水、土壤和消水河内水体的污染治理制订修复方案并进行修复，逾期不履行修复义务或者修复未达到保护生态环境社会公共利益标准的，赔偿因其偷排酸洗废水造成的生态损害修复费用72万元，支付至烟台市环境公益诉讼基金账户。宣判后，双方均未

消水河生态环境修复后（摄影：鲁义亭）

提出上诉，判决已发生法律效力。

【裁判理由】

法院生效裁判认为：

一、关于王某殿、马某凯侵权行为认定问题

（一）关于案涉危险废物数量及处置费用的认定问题

审理中，检测报告指出案涉酸洗反应南池 –40㎝、–70㎝及 –1.2m 深度的 pH 值均在正常值范围内；北池 –1.2m pH 值 < 2 属于危险废物。案涉酸洗池的北池内原为王某殿、马某凯使用盐酸进行长石颗粒清洗产生的废酸液，后其用沙土进行了填埋，根据《国家危险废物名录》（2016年版）HW34 废酸一项 900-300-34 类和 HW49 其他废物一项 900-041-49 类规定，现整个池中填埋的沙土吸附池中的废酸液，成

消水河生态环境修复后（摄影：鲁义亭）

为含有或沾染腐蚀性毒性的危险废物。环境损害检验报告中将酸洗池北池内受污染沙土总量 223 吨作为危险废物量，参照《环境污染损害数额计算推荐方法》中给出的“土地资源参照单位修复治理成本”清洗法的单位治理成本 250 至 800 元 / 吨，本案取值 250 元 / 吨予以计算处置费用 5.6 万元，具有事实和法律依据，并无不当，予以采信（具体计算方法为：20m×6m×平均深度 1.3m× 密度 1.3t/m^3=203t 沙土 + 20t 废酸 =223t×250 元 /t=5.6 万元）。

（二）关于案涉土壤、地表水及地下水污染生态损害修复费用的认定问题

莱州市环境监测站监测报告显示，废水池内残留废水的 pH 值 < 2，属于强酸性废水。王某殿、马某凯通过废水池、排水沟排放的酸洗废水，系危险废物亦为有毒物质，污染环境，致部分居民家中井水颜色变黄，味道呛人，无法饮用。监测发现部分居民家中井水的 pH 值低于背景值，氯化物、总硬度远高于背景值，且明显超标。储存于废水池期间渗漏的废水渗透至周边土壤和地下水，排入沟内的废水流入消水河。案涉污染区域周边没有其他类似污染源，可以确定受污染地下水系黄色、具有刺鼻气味且氯化物浓度较高的污染物，系由王某殿、马某凯实施的环境污染行为造成。

2017 年 2 月 13 日水质监测报告显示，在原水质监测范围内的部分监测点位，水质监测结果达标。根据地质环境监测专家出具的意见，可知在消除污染源阻断污染因子进入地下水环境的情况下，随着上游

消水河生态环境修复后（摄影：鲁[illegible]亭）

地下水径流和污染区地下水径流扩大区域的地下水稀释及含水层岩土的吸附，污染水域的地下水浓度将逐渐降低，水质逐渐好转。随着时间的推移，在地下水径流水动力的作用下，整个地下水污染区将逐渐向下游移动扩大。经过一定时间，原污染区可能达到有关水质要求标准，但这并不意味着地区生态环境好转或已修复。王某殿、马某凯仍应当承担其污染区域的环境生态损害修复责任。在二被告不能自行修复的情况下，根据《环境污染损害数额计算推荐方法》和《突发环境事件应急处置阶段环境损害评估推荐方法》的规定，采用虚拟治理成本法估算王某殿、马某凯偷排废水造成的生态损害修复费用。虚拟治理成本是指工业企业或污水处理厂治理等量的排放到环境中的污染物应该花费的成本，即污染物排放量与单位污染物虚拟治理成本的乘积。单位污染物虚拟治理成本是指突发环境事件发生地的工业企业或污水处理厂单位污染物治理平均成本。在量化生态环境损害时，可以根据受污染影响区域的环境功能敏感程度分别乘以 1.5 至 10 的倍数作为环境损害数额的上下限值。本案受污染区域的土壤、III 类地下水及消水河（V 类地表水）生态损害修复费用，根据环境损害检验报告取虚拟治理成本的 6 倍，按照已生效的山东省莱州市人民法院（2016）鲁 0683 刑初 136 号刑事判决书认定的偷排酸洗废水 60 吨的数额计算，确定生态损害修复费用为 72 万元，即单位虚拟治理成本 2000 元 / 吨 ×60 吨 ×6 倍 =

烟台昆嵛山（图片来源：昆嵛山国家级自然保护区管理委员会）

72万元具有事实和法律依据，并无不当。

二、关于侵权责任问题

《中华人民共和国侵权责任法》第六十五条、第六十六条规定，因污染环境造成损害的，污染者应当承担侵权责任；因污染环境发生纠纷，污染者应当就法律规定的不承担责任或者减轻责任的情形及其行为与损害之间不存在因果关系承担举证责任。山东省莱州市人民法院作出的（2016）鲁0683刑初136号刑事判决书认定王某殿、马某凯实施的环境污染行为与所造成的环境污染损害后果之间存在因果关系，王某殿、马某凯对此没有异议，并且已经发生法律效力。根据《中华人民共和国环境保护法》第六十四条，《中华人民共和国侵权责任法》第八条、第六十五条、第六十六条，《最高人民法院关于审理环境侵权责任纠纷案件适用法律若干问题的解释》第十四条之规定，王某殿、马某凯应当对其污染环境造成社会公共利益受到损害的行为承担侵权责任。

【审理法院及合议庭成员】

一审：山东省烟台市中级人民法院 曲振涛、鲁晓辉、孙波

十、北京市人民检察院第四分院诉朱某良、朱某涛环境污染民事公益诉讼案

【关键词】

民事 / 环境污染民事公益诉讼 / 土壤污染 / 生态环境功能损失赔偿 / 生态环境修复 / 修复效果评估

【裁判要点】

1. 两个以上侵权人分别实施污染环境、破坏生态行为造成同一损害，每一个侵权人的污染环境、破坏生态行为都不足以造成全部损害，部分侵权人根据修复方案确定的整体修复要求履行全部修复义务后，请求以代其他侵权人支出的修复费用折抵其应当承担的生态环境服务功能损失赔偿金的，人民法院应予支持。

2. 对于侵权人实施的生态环境修复工程，应当进行修复效果评估。经评估，受损生态环境服务功能已经恢复的，可以认定侵权人已经履行生态环境修复责任。

【基本案情】

2015 年 10 月至 12 月，被告朱某良、朱某涛在承包土地内非法开采建筑用砂 89 370.8 立方米，价值 4 468 540 元。经鉴定，朱某良二人非法开采的土地覆被类

北京延庆（摄影：北京延庆融媒体中心）

型为果园，地块内原生土壤丧失，原生态系统被完全破坏，生态系统服务能力严重受损，确认存在生态环境损害。鉴定机构确定生态环境损害恢复方案为将损害地块恢复为园林地，将地块内缺失土壤进行客土回填，下层回填普通土，表层覆盖 60 厘米种植土，使地块重新具备果树种植条件。恢复工程费用评估核算为 2 254 578.58 元。北京市人民检察院第四分院以朱某良、朱某涛非法开采造成土壤受损，破坏生态环境，损害社会公共利益为由提起环境民事公益诉讼。本案刑事部分另案审理。

2020 年 6 月 24 日，朱某良、朱某涛的代理人签署生态环境修复承诺书，承诺按照生态环境修复方案开展修复工作。修复工程自 2020 年 6 月 25 日开始，至 2020 年 10 月 15 日完成。2020 年 10 月 15 日，北京市房山区有关单位对该修复工程施工质量进行现场勘验，均认为修复工程依法合规、施工安全有序开展、施工过程中未出现安全性问题、环境污染问题，施工程序、工程质量均符合修复方案要求。施工过程严格按照生态环境修复方案各项具体要求进行，回填土壤质量符合标准，地块修复平整，表层覆盖超过 60 厘米的种

植土，已重新具备果树种植条件。

上述案涉土地内存在无法查明的他人倾倒的 21 392.1 立方米渣土，朱某良、朱某涛在履行修复过程中对该部分渣土进行环境清理，为此支付工程费用 75.4 万元。

【裁判结果】

北京市第四中级人民法院于 2020 年 12 月 21 日作出（2020）京 04 民初 277 号民事判决：一、朱某良、朱某涛对其造成的北京市房山区长阳镇某村 14 650.95 平方米土地生态环境损害承担恢复原状的民事责任，确认朱某良、朱某涛已根据《房山区朱某良等人盗采砂石矿案生态环境损害鉴定评估报告书》确定的修复方案将上述受损生态环境修复到损害发生之前的状态和功能（已履行完毕）；二、朱某良、朱某涛赔偿生态环境受到损害至恢复原状期间的服务功能损失 652 896.75 元，与朱某良、朱某涛在履行判决第一项修复义务时处理案涉地块上建筑垃圾所支付费用 754 000 元予以折抵；三、朱某良、朱某涛于判决生效之日起七日内给付北京市人民检察院第四分院鉴定费 115 000 元；四、朱某良、朱某涛在全国公开媒体上向社会公开赔礼道歉。宣判后，双方均未提出上诉，判决已发生法律效力。

【裁判理由】

法院生效裁判认为，朱某良、朱某涛非法开采的行为，造成生态环境破坏，侵

妫水河（摄影：北京延庆融媒体中心）

害不特定多数人的合法权益，损害社会公共利益，构成环境民事侵权。朱某良、朱某涛作为非法开采行为人，违反保护环境的法定义务，应对造成的生态环境损害承担民事责任。

一、关于被告对他人倾倒渣土的处理费用能否折抵生态功能损失赔偿费用的问题

从环境法的角度而言，生态环境具有供给服务、调节服务、文化服务以及支持服务等功能。生态环境受损将导致其向公众或其他生态系统提供上述服务的功能减少或丧失。朱某良、朱某涛在其租赁的林果地上非法开采，造成地块土壤受损，属于破坏生态环境、损害社会公共利益的行为，还应赔偿生态环境受到损害至恢复原状期间的服务功能损失。根据鉴定评估报告对生态服务价值损失的评估意见，确定朱某良、朱某涛应承担的服务功能损失赔偿金额为 652 896.75 元。2015 年施行的《最高人民法院关于审理环境民事公益诉讼案件适用法律若干问题的解释》第二十四条第一款规定，人民法院判决被告承担的生态环境修复费用、生态环境受到损害至恢复原状期间服务功能损失等款项，应当用于修复被损害的生态环境。故被告承担的生态环境受到损害至恢复原状期间服务功能损失的款项应当专项用于该案环境修复、治理或异地公共生态环境修复、治理。朱某良、朱某涛对案涉土地进行生态修复时，土地上还存在无法查明的他人倾倒的渣土。朱某涛、朱某良非法开采的

密云水库（摄影：李如升）

行为造成受损地块原生土壤丧失、土壤的物理结构变化，而他人倾倒渣土的行为则会造成土壤养分的改变，两个侵权行为叠加造成现在的土壤生态环境损害。为全面及时恢复生态环境，朱某良、朱某涛根据修复方案对案涉地块整体修复的要求，对该环境内所倾倒渣土进行清理并为此实际支出 75.4 万元，系属于对案涉环境积极修复、治理，这与法律、司法解释规定的被告承担生态功能损失赔偿责任的目的和效果是一致的。侵权人在承担修复责任的同时，积极采取措施，对他人破坏环境造成的后果予以修复治理，有益于生态环境保护，在修复效果和综合治理上亦更能体现及时优化生态环境的特点。因此，综合考虑两项费用的功能目的以及赔偿费用专项执行的实际效果，朱某良、朱某涛对倾倒渣土环境进行清理的费用可以折抵朱某良、朱某涛需要承担的生态功能损失赔偿费用。

二、关于被告诉讼过程中自行进行生态修复的效果评估问题

朱某良、朱某涛在诉讼过程中主动履行环境修复义务，并于 2020 年 6 月 25 日至 10 月 15 日按照承诺书载明的生态环境修复方案对案涉地块进行了回填修复。根

据《最高人民法院关于审理生态环境损害赔偿案件的若干规定（试行）》第九条的规定，负有相关环境资源保护监督管理职责的部门或者其委托的机构在行政执法过程中形成的事件调查报告、检验报告、监测报告、评估报告、监测数据等，经当事人质证并符合证据标准的，可以作为认定案件事实的根据。本案中，北京市房山区有关单位积极履行环境监督管理职责，对于被告自行实施的生态修复工程进行过程监督并出具相应的验收意见，符合其职责范围，且具备相应的专业判断能力，有关单位联合出具的验收意见，可以作为认定当事人自行实施的生态修复工程质量符合标准的重要依据。同时，评估机构在此基础上，对修复工程进行了效果评估，确认案涉受损地块内土壤已恢复至基线水平，据此可以认定侵权人已经履行生态环境修复责任。

【审理法院及合议庭成员】

一审：北京市第四中级人民法院 马军、梅宇、赵佳、王鹏宇、张桂荣、张风光、衡军

野鸭湖国家湿地公园（摄影：北京延庆融媒体中心）

I. Incidental civil public interest litigation to the criminal action against Wuhan * Jianghai Trading Co., Ltd. and 12 individuals including Xiang * for environmental pollution

[Keywords]

Criminal, incidental civil public interest action to the criminal action, ship secretly discharges oily sewage, damage identification, pollutant property identification

[Adjudication Rules]

1. In a case where a ship secretly discharges oily sewage, the people's court may find the illegal discharge of pollutants and the damages so caused according to the ship's navigation trajectory, the operation status of pollution prevention facilities, and the direction of pollutant disposal, in combination with the defendant's confession, witness testimony, expert opinions and other evidence.

2. In finding whether the oily sewage discharged by the ship falls into the scope of toxic substances, if it is impossible to take samples due to objective reasons, the people's court can conduct pollutant identification according to the residual bilge sewage with the same source and stable nature.

[Basic facts]

The defendant Wuhan * Jianghai Trading

Yantze River (Photo by Fangfei)

Co., Ltd. (hereinafter referred to as "the Trading Company") engages in domestic water cargo routing business by leasing vessels, and operates the ship Guoyu No.1 whose route begins from Nanjing City, Jiangsu Province, to Taizhou City and Beilun Port, Ningbo City, Zhejiang Province, via Wuhu City, Anhui Province, and ends at Nanjing City.

The Trading Company formulated the Management Instructions for Preventing Pollution Caused by Ships according to laws and regulations, which stipulates that oily sewage in the bilge of Guoyu No.1 can be discharged after being disposed of by an oil-water separator or be received by a third party with qualification of receipt. The maintenance department of the Trading Company did not purchase or replace the filter element of the oil-water separator

Vessel involved (Photo by Public Security Bureau)

all year round, and the oil-water separator of the ship could not work normally. The managers such as the deputy general manager in charge of the maintenance department instructed the staff to send pure water for inspection in lieu of the water sample at the outlet of the oil-water separator, conniving at the ship's evasion of supervision and implementation of illegal discharge; moreover, it failed to send the oily sewage to a qualified third party for disposal, therefore the oily sewage had not been disposed according to laws for a long time.

From August 2017 to March 2019, the defendant Xiang *, the captain of Guoyu No.1, and the defendants Yin * Lin and Hu * Zheng, the chief engineers, in collusion with other defendants in the same case illegally discharged oily sewage from the ship five times in violation of the law. They also bought the sewage receipt certificate, filled it out by themselves and attached it to the oil record book for inspection. In March 2019, based on reporting, Guoyu No.1 was caught for its act of secretly discharging oily sewage into the Yangtze River, with its crime tools being seized.

After being brought to justice, Xiang * and other defendants confessed that chief engineers of Guoyu No.1 and others repeatedly instructed the engineers and mechanics, etc., of the engine department to evade supervision and not to implement the anti-pollution measures stipulated by laws and regulations. From August 2017 to March 2019, the bilge oily sewage was discharged to the Yangtze River and offshore natural waters five times without being disposed of by an oil-water separator. Considering that the confessions of the defendants were mutually corroborated and supported by witness testimony, which is consistence with the facts that the accused ship is

Three Bridges Wetland Park (Photo by Fangfei)

running on a fixed line all the year round, and the accumulation speed of oily sewage and the frequency of discharge are relatively stable, the court found it sufficient to determine the relevant facts of the case.

Because the oily sewage discharged cannot be sampled due to objective reasons, in view of the facts that the ship concerned has a stable frequency of regular route and discharge all year round, the equipment and operating procedures have not been changed, and the residual oily sewage in the bilge has the same source as the oily sewage discharged to water, with stable nature and no essential change, so the residual oily sewage in the bilge was sampled for inspection. After the identification of the sample, the oily sewage at the bilge of Guoyu No.1 was found to contain "toxic substances". According to the expert's evaluation of ecology and environment damage, compensation for the ecology and environment damage caused by discharging oily sewage five times should be RMB 10,000 to RMB 37,500 calculated by the virtual management and control cost method.

The People's Procuratorate of Gulou District of Nanjing City, Jiangsu Province filed an incidental civil public interest action to the criminal action, accusing defendant the Trading Company and individual defendants of committing environmental pollution crime, and requesting the Court to order the Trading Company to bear the environmental damage compensation fee of RMB 23,750, expert evaluation fee of RMB 9,000 and announcement fee of RMB 700.

[Adjudication Result]

On July 16, 2020, the Primary People's Court of Xuanwu District of Nanjing City,

Nanjing City (Photo by Teng Hongfei)

Jiangsu Province, in its judgment of the incidental civil action to the criminal action [2020, Jiangsu, 0102, Criminal First Trial, No.24], found that the defendant Trading Company is guilty of environmental pollution and fined RMB 40,000, and 12 individual defendants, including Xiang * are guilty of environmental pollution and sentenced to fixed-term imprisonment of one year and six months to eight months respectively and fined RMB 30,000 to RMB 10,000. Furthermore, the Court ordered the Trading Company, the defendant in the incidental civil public interest action to the criminal action to pay RMB 23,750 for damages to the ecology and environment, an expert evaluation fee of RMB 9,000, and an announcement fee of RMB 700, totally RMB 33,450. After the verdict was declared, the defendant Xiang * appealed. On December 23, 2020, the Intermediate People's Court of Nanjing City rejected the appeal and affirmed the judgment of the court of first instance in its decision of incidental civil public interest action to the criminal action [2020, Jiangsu, 01, Criminal Final Trial, No.575].

[Adjudication Reasoning]

The Court held in its valid judgment that, according to the *Water Pollution Prevention and Control Law* and other laws and regulations, although the defendant Trading Company formulated measures to prevent and control environmental pollution such as those in relation to bilge oily sewage, however, the relevant measures are just paper failing in actual operation and were not actually implemented, and the oil-water separator used to prevent and control pollution cannot work normally. In addition, the Trading Company obtained a qualified test report of the water sample of oil-water separator by fraud and purchased the oily sewage receipt certificate at a low price in order to evade supervision. The accused ship is transported on a fixed route all year round, with the increase of voyages, oily sewage will inevitably be generated and accumulated continuously, but the oily sewage was neither disposed of by an oil-water separator nor received by a qualified third party. The confessions of the defendants, the testimony of witnesses and the physical evidence on records are consistent with each other in terms of the pattern of act, timeline and participants, which are enough for the Court to find that the defendants committed environmental pollution crime by discharging oily sewage into the Yangtze River and offshore waters. As the oily sewage involved in the case is stable in nature when the ship is transported on a fixed route all year round, the equipment, operating procedures and the mechanism of oily sewage generation are stable, and the residual oily sewage in the bilge is the same as the sewage discharged to waters in source and properties, so it can be sampled to identify the nature of pollutants. After identification of the sample, the oily sewage is found to contain toxic substances.

The accused environmental pollution act was conducted for the benefit of the Trading Company and at the direction of the deputy general manager in charge of the company, the captain of Guoyu No.1, the chief engineers, the mechanic and many others jointly engaged in the illegal discharge of undisposed bilge oily sewage into the passing Yangtze River and offshore waters, which should be found as a corporate crime. In violation of national regulations, the Trading Company discharged toxic substances by a supervision evading approach, which seriously polluted the environment and constituted the crime of environmental pollution. Xiang * and other individual defendants, as the executives directly responsible or other directly responsible persons in the corporate crime, shall be convicted and punished for the crime of environmental pollution.

In the incidental civil public interest action to the criminal action, the defendant Trading Company should be liable for compensation of ecology and environment damage according to law for polluting the environment. Regarding the undisposed bilge oily sewage discharged into natural waters by the Trading Company many times, the amount of compensation for ecology and environment damage quantified in the expert's opinions by virtual management and control cost method is appropriate, which the Trading Company had no objection to. According to the assessment, the amount of ecology and environment damage caused by the ship's five-time discharge of undisposed bilge oily sewage into the passing Yangtze River and offshore waters is RMB 10,000 to RMB 37,500. Therefore, the amount of compensation for ecology and environment damage based on its median value as claimed by the People's Procuratorate of Gulou District of Nanjing City, the plaintiff of public interest litigation, has a legal and factual basis and is sustained by the Court according to law. As the expert evaluation fee and announcement fee claimed by the plaintiff of public interest litigation are reasonable expenses for litigation, they are also supported by the Court according to law.

[Presiding Courts and Members of Collegial Bench]

First Instance: The Primary People's Court of Xuanwu District of Nanjing City, Jiangsu Province. Gao Wei, Li Wei, An Hongqiang, Hu Tianxiang, Zhang Suli, He Jun and Niu Yuxia.

Second Instance: The Intermediate People's Court of Nanjing City of Jiangsu Province. Jiang Li, Liu Shanglei, Yu Yuanzhu.

II. Incidental civil public interest litigation to the criminal action against Zuo * and Xu * for environmental pollution

[Keywords]

Criminal, incidental civil public interest action to the criminal action, emergency disposal measures, necessary and reasonable limit, loss of public and private property, damage to ecology and environment

[Adjudication Rules]

The people's court shall find the environmental pollution disposal expenses, to the extent they are necessary, reasonable and appropriate, fall into the scope of compensation for public and private property losses and ecology and environment damage in the incidental civil public interest action to the criminal action on environmental pollution. The disposal expenses obviously beyond the necessary and reasonable limit should not be used as the basis for determining the criminal responsibility of the defendant and the liability for compensation to ecology and environment damage in the incidental civil public interest action to the criminal action.

[Basic facts]

Since June 2018, the defendant Zuo * has produced aluminum ingots

Huai'an Canel (Photo by Wanghao)

without approval at a factory building that he rented in a town in Huai'an District, Huai'an City, Jiangsu Province. Later, the defendants Xu * and others screened aluminum ash in the above-mentioned factory building to produce aluminum ingots, even though they knew that Zuo * had no hazardous waste business license, resulting in a total of about 100 tons of waste aluminum ash. On April 23, 2019, Zuo * and Xu * arranged personnel to dig a pit in a town in Huai'an District, Huai'an City to dump the above-mentioned waste aluminum ash. After more than 20 tons of dumping, the waste aluminum ash was discovered, stopped and reported to the police by villagers because of the heat and smoke from the waste aluminum ash.

On April 24 of the same year, the former Environment Protection Bureau of Huai'an District, Huai'an City entrusted a professional organization to sample and identify the waste aluminum ash in the pit and to sample and detect the air and waste gas downwind of the pit involved. Based on the testing on April 28, the ammonia in the downwind of the pit involved exceeded the permitted limits. Furthermore, according to the identification results on April 29, among the 13 samples of waste aluminum ash involved in the dumping, fluoride (leaching toxicity) of four samples exceeded the corresponding permitted lower limit specified in the *Technical Specifications on Identification for Hazardous Waste (HJ/T 298-2007)*, where

the waste aluminum ash was identified as hazardous waste with leaching toxicity characteristics. Under the *National Catalogue of Hazardous Wastes*, during the processing of recycled aluminum and aluminum materials, the aluminum slag produced on the surface of molten waste aluminum and aluminum ingots by remelting, refining, alloying and casting, and the salt slag and secondary aluminum ash produced in the process of recycling aluminum are listed as hazardous wastes.

On April 27 of the same year, the people's government of a town in Huai'an District, Huai'an City (hereinafter referred to as the Town Government) organized personnel to stir and extinguish the above-mentioned burnt waste aluminum ash with soil. As a result, the mixture of the stirred waste aluminum ash and soil weighed 453.84 tons.

In November 2019, Jiangsu Provincial Academy of Environmental Science, entrusted by the Town Government, prepared an emergency disposal plan, which concluded that though hazardous waste identification had not been conducted on the mixture of waste aluminum ash and soil involved in the case out of cost and time considerations, according to Article 10 of the *Exemption Management List of the National Catalogue of Hazardous Wastes (2016 Edition)*, it was suggested to dispose according to the cement kiln collaborative disposal method. Jiangsu Provincial Academy of Environmental Science concluded based on the assessment of the ecology and environment damage in this case that there is no personal injury but property damage caused by the pollution, the expenses occurred mainly include property damage expenses, emergency disposal expenses and ecology and environment damage expenses. The property damage expenses consist of the losses of wheat,

Tianquan Lake, Xuyi County, Jiangsu Province (Photo by Xu Changyin)

rape, broad beans and vegetables caused by the cleaning process, totally RMB 3,400; the emergency disposal expenses include the emergency monitoring expenses of RMB 7,800 (paid-in amount of RMB 7,200), the cleaning expenses of the mixture of waste aluminum ash and soil of RMB 76,161, and the disposal expenses which are temporarily estimated as RMB 1,000 per ton as disposal has not been conducted yet; and the ecology and environment damage expenses are RMB 18,000 (for backfilling and restoring the pit).

On March 18, 2020, the Town Government engaged a cement company in Nanjing to dispose of the mixture of waste aluminum ash and soil as hazardous waste, with a unit price of RMB 2,800 per ton including tax and freight. In addition, an identification cost of RMB 80,000, an emergency disposal plan preparation cost of RMB 70,000 and an ecology and environment damage assessment cost of RMB 250,000, totaling RMB 400,000, also occurred due to the disposal.

With regard to the relevant issues of emergency disposal in this case, the expert witness from Jiangsu Provincial Academy of Environmental Science appeared in court and specified that, the emergency disposal plan was prepared for the mixture of waste aluminum ash and soil that had been dug up, which cannot be directly identified as hazardous waste and can be disposed according to the exemption procedure to improve the economy and practicality. The price of disposal of contaminated soil in this case by cement kiln is RMB 1,000 per ton. The skilled person who appeared in court believed that aluminum ash would not burn in a large area, so people can just cover the open flame with soil. The mixture cleaned up after mixing and stirring 20 tons of waste aluminum ash with soil should be within 60 tons to

120 tons, otherwise, it would result in excessive disposal.

The People's Procuratorate of Huai'an District of Huai'an City initiated an incidental civil public interest action to the criminal action on environment, accusing the defendants Zuo * and Xu * of committing environmental pollution crime, and requesting the Court to order that the defendants Zuo * and Xu * should jointly compensate for the property damage expenses caused by environmental pollution of RMB 3,400, emergency disposal expenses of RMB 1,431,788, ecology and environment damage expenses of RMB 18,000 and other reasonable expenses including fees of inspection and identification of RMB 400,000, totaling RMB 1,853,188, and order that the defendants Zuo *and Xu * should extend a formal apology to the public through Huai'an municipal media.

[Adjudication Result]

On June 24, 2021, the Primary People's Court of Xuyi County of Jiangsu Province found the defendants Zuo * and Xu * guilty of environmental pollution in its judgment of the incidental civil action to the criminal action [2019, Jiangsu, 0830, Criminal First Trial, No.534] and sentenced the defendants to two years' imprisonment, with a fine of RMB 50,000 respectively; the Court ordered that: (1) Defendant Zuo * should return the illegal income of RMB 13,000 to the state treasury; (2) Defendants Zuo * and Xu * should jointly compensate the RMB 3,400 for property damage, RMB 156,489 for emergency disposal, RMB 18,000 for ecology and environment damage, RMB 400,000 for services expenses such as identification and evaluation, totaling RMB 577,889, which should be paid within 15 days after the judgment came into effect; (3) Zuo * and Xu * should apologize to the public through Huai'an municipal media. The Court dismissed other claims of the People's Procuratorate of Huai'an District of Huai'an City, the prosecutor of this incidental civil public interest action to the criminal action. As no appeal or counterappeal was filed after the verdict was declared, the judgment has taken effect.

[Adjudication Reasoning]

The Court held in its valid judgment that the defendants Zuo * and Xu * jointly dumped hazardous waste in violation of national regulations, which seriously polluted the environment, and constituted environmental pollution crimes. As the two defendants' acts caused damage to the ecology and environment and harmed the public interests, therefore, besides criminal punishment, they should also bear corresponding civil liabilities according to law, including compensation for losses and apology. The defendants Zuo * and Xu * should bear joint and several liability for the consequences of ecology and environment damage.

In order to safeguard the national interests and social public interests, the Court supported the claim of the prosecutor of the incidental civil public interest action to the criminal action that the two defendants should bear the liability for compensation for ecology and environment damage. In knowing an environmental pollution event, the administrative authority should take emergency measures on the principle of necessity, rationality and appropriateness. Therefore, necessary, reasonable and appropriate disposal expenses shall be used as the basis for holding the criminal responsibility of the defendant and for bearing the liability for ecology and

Tianquan Lake, Xuyi County, Jiangsu Province (Photo by Xu Changyin)

environment damage compensation. However, the disposal expenses obviously beyond the necessary and reasonable scope should not be regarded as the loss of public and private property caused by environmental pollution accidents, nor can they be used as the basis for holding the criminal responsibility of the defendant or for the defendant to bear the liability for ecology and environment damage compensation. Therefore, the key issue that lies in the case is whether the emergency measures taken were beyond the necessary and reasonable scope.

1. Whether the emergency measures for covering more than 20 tons of waste aluminum ash with more than 400 tons of soil are reasonable and necessary. The means and methods of emergency disposal measures adopted by the administrative authority to eliminate danger, clean up pollution and prevent further expansion of damage consequences should be recognized, however, the disposal should be conducted based on the basic principle of necessity, rationality and appropriateness if conditions permit. In this case, the relevant administrative authority confirmed that the dumped material is waste aluminum ash after receiving the report and investigating onsite. Waste aluminum ash will not burn in a large area, even if it burns partially, one only needs to cover the open flame with soil. The disposal technology of waste aluminum ash, namely "soil covering", is relatively simple and commonly used. Moreover, as the emergency disposal occurred a few days after the pollution incident in this case, it is not urgent in time, and the emergency disposal team should have enough time to study and

Huaihe River (Photo by Xu Changyin)

formulate a more reasonable plan. It was feasible for administrative authorities to organize personnel to adopt soil mixing measures, which can achieve the effect in emergency circumstances, but the amount of soil used should be within a reasonable and necessary scope. In this case, the actual amount of mixture excavated is 453.84 tons, nearly four times the maximum recommended by experts. According to the principle of appropriate disposal and resource saving, combined with expert opinions, and based on its discretion, the Court held that the reasonable and necessary quantity of the mixture cleaned-up in this pollution incident is 120 tons.

2. Whether it is reasonable to entrust an institution to dispose of the mixture of waste aluminum ash and soil directly as hazardous waste at a price of RMB 2,800 per ton. The emergency disposal plan prepared by Jiangsu Provincial Academy of Environmental Science clearly stated that the transfer and disposal of the waste aluminum ash mixture involved in this case can be carried out according to Article 10 of the *Exemption Management List of the National Catalogue of Hazardous Wastes (2016 Edition)*, and suggested using the cooperative disposal of cement kiln at an estimated cost of RMB 1,000 per ton (including freight). Therefore, the disposal and utilization of the mixture do not have to be managed as hazardous waste, and it is more reasonable to directly deliver the contaminated soil for disposal at the price of RMB 1,000 per ton. The disposal expense in this case is inappropriately high, therefore the expenses exceeding RMB 1,000 per ton should not be supported by the Court.

3. Whether the loading expenses and transportation costs incurred but not included in the ecology and environment damage assessment report should be counted as emergency disposal costs. After investigation, the expenses for loading and transporting the mixture

were incurred during the disposal of the mixture of waste aluminum ash and soil. The expert witness who appeared in court made it clear that the disposal cost of RMB 1,000 per ton in the ecology and environment damage assessment report includes transportation cost but does not include loading expenses, so the extra transportation cost paid in actual disposal is unreasonable and unnecessary, therefore it should not be supported by the Court. However, the expenses charged for loading vehicles are part of the expenses incurred by the plaintiff to take reasonable preventive and disposal measures to stop the infringement, remove obstacles and eliminate dangers as stipulated in Article 19 of the *Interpretation of the Supreme People's Court on Several Issues concerning the Application of Law in the Trial of Cases Involving Environmental Civil Public Interest Litigations*, which should be supported by the Court.

4. Issues on the determination of the amount of public and private property losses and the amount of compensation in the incidental civil public interest action to the criminal action. Upon investigation, the loss of public and private property in this case includes the property loss directly caused by environmental pollution and reduced actual value, as well as the expenses incurred due to taking necessary and reasonable measures to prevent pollution expansion and eliminate pollution, such as backfilling of contaminated sites, and the emergency monitoring expenses in response to environmental incidents. According to the assessment of Jiangsu Provincial Academy of Environmental Science, combined with the actual disposal situation, the Court held that the amount of public and private property losses caused by the environmental pollution acts of defendants Zuo * and Xu * consists of the following: (1) RMB 3,400 for property damage, that is, the total loss of wheat, rape, broad beans and vegetables caused by the cleaning process. (2) RMB 156,489 for emergency disposal, including: ① RMB 7,200 for emergency monitoring expenses; ② RMB 20,137 for cleaning costs; ③ RMB 129,152 for disposal costs. (3) RMB 18,000 for ecology and environment damage. After emergency cleaning, the pollution of the pit was basically eliminated, but it needs to be backfilled and restored, and the cost of backfilling is RMB 18,000. Therefore, the total expense incurred in this case is RMB 177,889, that is, the amount of loss of public and private property. As it did not reach the one-million threshold as stipulated in the judicial interpretation, it does not constitute a case with particularly serious circumstances.

The amount of ecology and environment damage as claimed by the prosecutor in the incidental civil public interest action to the criminal action includes the above-mentioned amount of public and private property losses, as well as the expenses for identification and evaluation of ecology and environment damage compensation and emergency plan preparation, totaling RMB 400,000. To sum up, the total amount of compensation for ecology and environment damage that the defendants Zuo * and Xu * should bear in this case is RMB 577,889.

[Presiding Court and Members of Collegial Bench]

First Instance: The Primary People's Court of Xuyi County of Jiangsu Province. Sun Zaitong, Jiang Yingying, Wang Yulin, Zhang Chunyan, Zhai Shunchang, Chen Zhiyi and Xue Qin

III. Civil environmental public interest litigation by the Third Branch of Shanghai People's Procuratorate against Langxi * Solid Waste Disposal Co., Ltd., Ningbo * Trading Co., Ltd., Huang * Ting and Xue * over environmental pollution

[Keywords]

Civil, civil public interest action on environmental pollution, solid waste, smuggling, disposal expenses

[Adjudication Rules]

1. Where the infringer smuggles solid waste and causes damage to the ecology and environment or threats to pollute the environment or destroy the ecology, the claim by the competent authority or the organization prescribed by law that the infringer should bear the tort liability of the ecology and environment according to law should be supported by the people's court. If an infringer who has not been subject to criminal responsibility in a criminal case caused by the same act claims not to bear the tort liability of ecology and environment, the people's court should not support it.

2. De-harm disposal of solid waste that cannot be returned due to objective reasons after the illegal import is a necessary measure to prevent the occurrence and expansion of ecology

Port, Shanghai (Photo courtesy of the adjudicating court)

and environment damage, and the reasonable expenses incurred should be borne by the infringer. Where the infringer argues that the solid waste has been seized and confiscated by the administrative law enforcement authority and that the disposal cost should be included in the administrative law enforcement cost, the people's court should not support it.

[Basic facts]

At the beginning of 2015, the legal representative of Langxi * Solid Waste Disposal Co., Ltd. (hereinafter referred to as the Disposal Company) contacted Huang * Ting to buy imported copper-containing solid waste. Huang * Ting immediately contacted Chen * Jun and Xue *, the actual operators of Ningbo * Trading Co., Ltd. (hereinafter referred to as the Trading Company), who agreed to carry out the activities of importing copper-containing solid waste. In September of the same year, Xue * collected 138.66 tons of copper sludge in South Korea. The Trading Company made a false declaration document under the name of copper ore sand, and informed the Disposal Company of the imported goods list by fax, etc.. The Disposal Company paid RMB 458,793.9 to the Trading Company according to the quotation on the goods list, and then Huang * Ting declared the import in Shanghai Port. Thereafter, the solid waste was seized by the customs and detained in the port area, which could not be returned, endangering the national ecology and environment security. Shanghai Solid Waste Management Center believed that the copper sludge involved contained a lot of heavy metals, which should be strictly managed, so it entrusted an institution with the hazardous waste business permit for de-harm disposal. Based on the appraisal conducted by Shanghai Price Certification Center, the disposal cost of copper sludge involved is RMB 1,053,700.

It was also found that on December 25, 2017, the Third Branch of Shanghai People's Procuratorate filed a public prosecution with the Third Intermediate People's Court of Shanghai Municipality against the Trading Company, Huang * Ting and Xue * for jointly importing solid waste which is prohibited in China. On September 18, 2018, the Third Intermediate People's Court of Shanghai Municipality made a criminal judgment [2018, Shanghai, 03, Criminal First Trial, No.8], where the Trading Company was found guilty of the crime of smuggling waste and fined RMB 200,000; Huang * Ting was convicted of smuggling waste, sentenced to four years of imprisonment and fined RMB 300,000; Xue * was convicted of smuggling waste, sentenced to two years in prison and fined RMB 50,000. The criminal judgment already came into effect.

[Adjudication Result]

On September 5, 2019, the Third Intermediate People's Court of Shanghai Municipality made a civil judgment [2019, Shanghai, 03, Civil First Trial, No.11] holding that the defendants, the Trading Company, Huang * Ting, Xue * and the Disposal Company should jointly and severally, compensate the disposal fee of RMB 1,053,700 due to illegal importation of solid waste (copper sludge) within ten days from the effective date of the judgment. The Disposal Company refused the judgement and filed an appeal. On December 25, 2020, the High People's Court of Shanghai Municipality, in its civil judgment [2019, Shanghai, Civil Final Trial, No.450], dismissed the appeal and affirmed the judgment of the first instance.

[Adjudication Reasoning]

The Court held in its valid judgment that no sentence of criminal responsibility to a defendant in the crime of smuggling waste does not mean that he should not bear civil liability in a civil public interest action. Instead, whether he should bear civil liability needs to be determined according to civil laws and regulations. If the corresponding elements of civil liability are met, he should still bear civil liability for compensation. In this case, the relevant evidence can prove that the Disposal Company, the Trading Company, Huang * Ting and Xue * had joint discussions on importing copper sludge, and as the demander and initiator of the importation of copper sludge, they had a common intention of infringement and met the constitutive requirements of contributory infringement to the environment.

For the solid waste illegally entered into the country that is prohibited from being imported, even if the actual ecology and environment damage has not been caused due to the seizure, but if there is a great risk of infringement on the national ecology and environment security, the infringer should still bear the civil liability for eliminating the danger. Relevant infringers should bear the legal responsibility for returning the solid waste first at their own expense. Where it is impossible to return the solid waste, if the hidden dangers and impacts of ecology and environment safety still exist objectively, the infringers should not be exempted from the legal responsibility of eliminating pollution risks for not being able to return the solid waste. Therefore,

Dongtan wetland, Yangtze River Estuary (Photo by Li Jun)

in this case, the four defendants should jointly bear the civil liability for eliminating the danger.

De-harm disposal is a necessary measure to eliminate the danger of solid waste detained in China due to illegal import, and the corresponding disposal expenses should be borne by the infringers. In order to prevent damage to the ecology and environment, the infringers should bear the expenses incurred by taking reasonable preventive and disposal measures to stop the infringement and eliminate the danger. As the copper sludge involved in the case cannot be returned, therefore, in order to eliminate the danger of environmental pollution, it is necessary to entrust relevant professional organizations to conduct de-harm disposal, which is a necessary and reasonable preventive and disposal measure. The related expenses were caused due to eliminating pollution risks, so the Disposal Company and other parties shall bear joint and several liability for the compensation. As for the infringers' claim that the solid waste was seized and confiscated by the administrative law enforcement authority and the disposal cost should be included in the administrative law enforcement cost, the Court should not support it.

[Presiding Courts and Members of Collegial Bench]

First Instance: The Third Intermediate People's Court of Shanghai Municipality. Chen Yajuan, Huang Minruo, Yao Jianzhong, Huang Tianhua, Gu Yueqin, Wu Huili and Yang Zhiyong

Second Instance: The High People's Court of Shanghai Municipality. Yin Yonglei, Zhang Xinquan and Chen Zhenyu

IV. Civil environmental public interest litigation by the Fifth Branch of Chongqing Municipal People's Procuratorate against Chongqing * Electric Power Equipment Manufacturing Co., Ltd. et al. over environmental pollution

[Keywords]

Civil, civil public interest action on environmental pollution, environmental technology renovation, cost deduction, compensation for ecology and environment damage

[Adjudication Rules]

1. If the damaged ecology and environment cannot be repaired or has no need to be repaired, the infringers, on the basis of having implemented the mandatory obligations under the laws and regulations on ecology and environment protection, fulfill environmental protection technology transformation by means of resource conservation and intensive recycling, etc., and is assessed to be able to achieve energy saving and emission reduction, pollution and carbon reduction, as well as risk reduction, the people's court may, on the basis of the infringers' application, combine the time point of environmental protection technology transformation, the compliance of ecology and environment protection and other factors to appropriately deduct

Chongqing Rural (Photo by Hanyun)

the resulting environmental protection technology transformation costs against the ecology and environment damage compensation he should bear.

2. The people's court shall not support the application of the infringers to deduct the compensation for ecology and environment damage incurred in the implementation of environmental protection technology transformation to meet the requirements of environmental impact assessment, pollutant emission standards set in the discharge permit or to fulfill the mandatory obligations under other ecology and environment protection laws and regulations.

[Basic facts]

Chongqing * Chemical Co., Ltd. (hereinafter referred to as the Chemical Company), Chongqing * Electric Power Equipment Manufacturing Co., Ltd. (hereinafter referred to as the Power Equipment Company), Chongqing * Tower Manufacturing Co., Ltd. (hereinafter referred to as the Tower Manufacturing Company) have no hazardous waste business permit. On April 10, 2015, the Chemical Company signed a contract with the Power Equipment Company and the Tower Manufacturing Company respectively, agreeing that the Chemical Company would sell hydrochloric acid to the Power Equipment Company and the Tower Manufacturing Company at a price of RMB 420 per ton, the Chemical Company would bear the freight cost. The aforementioned price includes the price of the sale of hydrochloric acid and the cost of transporting the waste hydrochloric acid back to the Chemical Company for disposal. From July 2015, the Chemical Company transported waste hydrochloric acid back from the Power Equipment Company and the Tower Manufacturing

Company and discharged it illegally. From July 2015 to March 2016, the Chemical Company illegally discharged at least 717.14 tons of waste hydrochloric acid, causing pollution of the Tiaodeng River. According to the assessment, the ecology and environment damage of this incident was RMB 6,454,260, and the service cost was RMB 25,100 with an additional RMB 5,000 for the appraisal. After the pollution incident, the Power Equipment Company and the Tower Manufacturing Company invested funds to carry out technical renovation of acid mist collection, regeneration system of auxiliary plating tank, etc., and the level of environmental protection was improved. The plaintiff of this public interest litigation, the Fifth Branch of Chongqing Municipal People's Procuratorate, believed that the Chemical Company, the Power Equipment Company and the Tower Manufacturing Company should bear the losses caused by this environmental pollution incident, so it filed a lawsuit to the People's Court requesting that the Chemical Company, the Power Equipment Company and the Tower Manufacturing Company bear the ecology and environment damage compensation and appraisal fees totaling RMB 6,484,360, and apologize to the public.

[Adjudication Result]

The Fifth Intermediate People's Court of Chongqing Municipality made a civil judgment on November 29, 2019 [2019, Chongqing, 05, Civil First Trial, No.256] that first, the defendant the Chemical Company should compensate for the ecology and environment restoration costs generated by the illegal discharge of waste hydrochloric acid of RMB 6,479,360, technical consulting fees of RMB 5,000, totaling RMB 6,484,360, limited to be paid to the account designated by the court

for judicial ecological restoration fees within ten days from the effective date of the judgment. Second, defendants the Power Equipment Company and the Tower Manufacturing Company shall be jointly and severally liable to pay compensation of RMB 3,242,180 respectively that the Chemical Company should bear as determined by the first item of this judgment. Third, the Chemical Company, the Power Equipment Company and the Tower Manufacturing Company should apologize to the public via media above the Chongqing municipal level within 30 days from the effective date of the judgment. After the verdict, the Power Equipment Company and the Tower Manufacturing Company appealed, and brought application for payment in installments and its technical renovation costs to be deducted.

The High People's Court of Chongqing Municipality made a civil judgment [2020, Chongqing, Civil Final Trial, No.387] on December 25, 2020. First, affirmed the first and the third items of the judgment [2019, Chongqing, 05, Civil First Trial,

Tongluoshan Mine Park (Photo by Jianyi)

No.256] made by the Fifth Intermediate People's Court of Chongqing Municipality. Second, abrogated the second item of the judgment [2019, Chongqing, 05, Civil First Trial, No.256] made by the Fifth Intermediate People's Court of Chongqing Municipality. Third, the Power Equipment Company and the Tower Manufacturing Company shall be jointly and severally liable to pay compensation of RMB 3,242,180 respectively that the Chemical Company should bear, which could be paid in three installments according to the ratio of 25%, 25% and 50% after providing an effective guarantee to the Fifth Intermediate People's Court of Chongqing Municipality. The specific payment schedule is to pay for RMB 809,920 and the technical consulting fee of RMB 2,500 respectively within ten days from the effective date of the judgment; to pay for RMB 809,920 respectively by December 31, 2021; and to pay for RMB 1,619,840 respectively by December 31, 2022. Fourth, if the Power Equipment Company and the Tower Manufacturing Company implement technical renovation after the judgment takes effect, that significantly reduces the generation of hazardous waste or reduces the consumption of resources under the same production capacity, and are not punished for environmental violations, the technical renovation costs they have paid can be deducted from the third installment upon application to the People's Court, based on the assessment of the technical renovation effect and the audit report of the technical renovation input funds issued by a legally qualified intermediary institution.

[Adjudication Reasoning]

The effective judgment held that, according to Article 57 of the *Law of the People's Republic of China on the Prevention and Control of Environmental Pollution by Solid Wastes* (2015 Amendments), entities engaged in collection, storage and treatment of hazardous waste must apply to the competent administrative department of the people's government in charge of environmental protection at or above the county level for the business permit. Entities engaged in the use of hazardous waste must apply to the administrative department of the State Council in charge of environmental protection or the administrative department of the people's government in charge of environmental protection of a province, autonomous region, or municipality directly under the central government for the business permit. In this case, the Power Equipment Company and the Tower Manufacturing Company as producers of hazardous waste, handed over the hazardous waste in question to the Chemical Company

Wulong Yangjiao Ancient Town (Photo by Yu Tingxiang)

that had not obtained a hazardous waste business permit for treatment, violating the legal obligation to prevent and control hazardous waste pollution. Given that it is unable to distinguish the specific quantity or share provided by the Power Equipment Company and the Tower Manufacturing Company in hazardous waste illegally discharged by the Chemical Company, constituting a joint infringement, the Power Equipment Company and the Tower Manufacturing Company shall bear joint and several liability for the ecology and environment damage caused by the Chemical Company.

The public interest actions on environment, as an important litigation system established by the *Environmental Protection Law*, aims not only to pursue liability for environmental torts, but also to supervise and guide environment infringers to implement environmental restoration, encourage enterprises to take the path of ecological priority and green development, and to achieve coordination between environmental protection, economic construction, and social development. The Power Equipment Company and the Tower Manufacturing Company implemented technical renovation after the pollution incident and requested to offset the compensation for ecology and environment damages. On the question of whether the technical renovation costs can be used to offset the ecology and environment damage compensation, the aforementioned environmental justice concept should be upheld, and the projects and purposes of the environmental protection technical renovation implemented by the enterprises should be distinguished and classified. If the enterprises' environmental protection technology renovation projects and purposes are implemented only to meet the environmental impact assessment requirements or the pollutant discharge standards set in the pollution discharge permit, or to fulfill other mandatory legal obligations, the cost of this part of the technology renovation shall not be deducted. If an enterprise, in addition to fully fulfilling the mandatory environmental protection obligations set by law, achieves higher resource utilization efficiency, reduces pollutant emissions, and increases the comprehensive utilization rate of waste by using clean energy, adopting better technologies, processes, or equipment, etc., then this part of the technical renovation cost should be considered for appropriate deduction.

In this case, as the river has the ability of self-purification, there is no need for ecological and environmental restoration of the polluted water. The Power Equipment Company and the Tower Manufacturing Company are willing to continue the technical renovation, and their commitment to implement the technical renovation is conducive to the reduction, reuse and resource utilization of pollutants, as well as reducing local environmental risks. Therefore, it is in line with the purpose of public interest actions on environment to safeguard social public interest to use the environmental protection technology renovation costs actually paid by the Power Equipment Company and the Tower Manufacturing Company to offset the compensation for ecology and environment damages they should bear. In order to support the green transformation of enterprises and encourage the Power Equipment Company and the Tower Manufacturing Company to invest more funds for energy conservation and emission reduction, the People's Court set the upper limit of the deductible amount for the Power Equipment Company and the Tower Manufacturing Company as 50% of the ecology and environment damage compensation that they should bear. Therefore, if the Power Equipment Company and the Tower Manufacturing Company carried out technical renovation after the effective date of the judgment, significantly reducing the generation of hazardous waste or resource consumption under the same production capacity, and has not been punished for environmental violations, the technical renovation costs have been paid for technical renovation may be deducted upon their application to the People's Court, provided with the opinion of the technical renovation effect assessment and the technical renovation investment funds audit report issued by a legally qualified intermediary agency.

In cases of civil public interest actions on environment, it is necessary to ensure that the damaged ecology and environment are promptly and effectively repaired, while also providing opportunities to continue legal production and operation for enterprises that face their own environmental violations correctly and are willing to actively bear environmental legal responsibilities, achieving a balance between protecting the ecology and environment and promoting economic development. During COVID-19, the production and operation of the Power Equipment Company and the Tower Manufacturing Company were affected to a certain extent. After the incident, the two enterprises invested a large amount of funds to implement technical renovation. In order to promote development, stabilize expectations, ensure people's livelihood, and maintain the maximum sustainable business capacity of enterprises, the request of the Power Equipment Company and the Tower Manufacturing Company to pay in installments is adopted, and they are allowed to pay compensation for ecology and environment damage in three installments within two years.

[Presiding Courts and Members of Collegial Bench]

First Instance: The Fifth Intermediate People's Court of Chongqing Municipality. Ran Chonggao, Chen Xia, Zhang Yinghong, Wang Ping, Ren Fumin, Yao Tianling, and Xu Peiying

Second Instance: The High People's Court of Chongqing Municipality. Tang Yalin, Zhao Ling, and Huang Cheng

V. Civil environmental public interest litigation by the People's Procuratorate of Suichang County, Zhejiang Province against Ye * Cheng over ecological damage

[Keywords]

Civil procedure, civil public interest action on ecological damage, restorative justice, advance execution

[Adjudication Rules]

The core concept of ecological restorative justice is to repair damaged ecology and environment and restore ecological functions promptly. Ecology and environment restoration is time-sensitive, seasonal and urgent. If the failure to immediately repair the damage to the ecology and environment will lead to the expansion of the damage, the people's court may, in accordance with the law, rule that the case is "one that needs to be executed/enforced in advance because of the urgency of the situation" as stipulated in the third paragraph of Article 109 of the *Civil Procedure Law of the People's Republic of China*.

[Basic facts]

At the beginning of November 2018, the defendant Ye * Cheng hired others to clean up dead pine trees on the mountain field in a village in Suichang County, Zhejiang Province (locally known as "Longtanwan"), during which 89 live pines were felled indiscriminately. After identification, the growing stock of Ye * Cheng's excessive logging was 22.9964 cubic meters, equivalent to 13.798 cubic meters of volume of timber, and the site of the incident belongs to the

Nanjianyan Rice Terrace, Suichang County (Photo by Wang Jiuwei)

national public welfare forest of the third level. According to the restoration opinion issued by forestry experts, Ye * Cheng should replant 1,075 broad-leaved container seedlings of 2-3 years old such as schima superba and liquidambar formosana on the mountain site involved in the case. The People's Procuratorate of Suichang County of Zhejiang Province considered that there was no need to pursue Ye * Cheng's criminal liability, and in July 2019 decided not to prosecute. However, as Ye * Cheng's indiscriminate felling of public welfare forest mountain forests caused loss of forest resources and damage to the ecology and environment, the People's Procuratorate of Suichang County of Zhejiang Province filed a civil public interest action on environment on March 27, 2020. As the spring afforestation work in Suichang County was coming to an end, the plaintiff of public interest litigation in parallel filed an application for advance execution, requiring Ye * Cheng to complete the replanting work in the site according to the aforementioned restoration opinion issued by the experts. Later, as the timing for planting broad-leaved trees such as Schima superba and liquidambar formosana has passed, it is difficult to purchase seedlings. After forestry experts reassessed the restoration, it was determined that according to the damage value of the forest trees concerned and the replanting cost of RMB 9,658.4, a total of 1,288 China fir seedlings of 1-2 years old needed to be replanted. Accordingly, on April 2, 2020, the prosecutor changed the claim and application for advance execution, requiring Ye * Cheng to replant in accordance with the re-issued restoration opinion.

[Adjudication Result]

The Intermediate People's Court of Lishui City of Zhejiang Province made the ruling [2020, Zhejiang, 11, Civil First Trial, No.35] on March 31, 2020, that grants advance execution and requires the defendant Ye * Cheng to complete the replanting and re-greening work in and around the mountain area within 30 days from the date of receiving the ruling. Ye * Cheng completed replanting on April 7, 2020 according to the updated restoration opinion. The Natural Resources and Planning Bureau of Suichang County of Zhejiang Province accepted it on the same day.

The Intermediate People's Court of Lishui City of Zhejiang Province made the judgment [2020, Zhejiang, 11, Civil First Trial, No.35] on May 11, 2020. It held that first, defendant Ye * Cheng shall replant 1,288 China fir seedlings of 1-2 years old in the "Longtanwan" mountain field within 30 days from the date of receiving the civil ruling [2020, Zhejiang, 11, Civil First Trial, No.35], and continuously raise them for three years (until April 7, 2023). The survival rate of the planting year shall not be less than 95%, and after three years, the survival rate shall not be less than 90%. Second, if the defendant Ye * Cheng failed to fulfill the obligations determined by the judgment according to the first item of this judgment, he shall bear the cost of ecological function restoration of RMB 9,658.4. After the judgment was pronounced, neither party appealed and the judgment had come into effect.

[Adjudication Reasoning]

The effective judgment held that factors such as seasonality and planting climate needed to be considered when restoring forest ecology and environment. If restoration measures are not taken in a timely manner to replant seedlings, not only will it increase the restoration cost and affect the restoration effect, but it will also cause damage to the ecology and environment and further expand the loss of service functions until the completion of the restoration. Ye * Cheng's behavior of excessive logging and damage to the ecology and environment was clear, and it was a favorable time for afforestation. Timely replanting of seedlings was beneficial for the survival of newly planted trees and the effective and prompt restoration of the ecology and environment. Based on the seasonal requirements of replanting seedlings and the urgency of restoring the ecology and environment involved in the case, it complied with the situation when advance execution was required due to an emergency as stipulated in paragraph 3 of Article 106 of the *Civil Procedure Law of the People's Republic of China*

Thousand Buddha Mountain, Suichang County, Zhejiang Province (Photo by Wang Jiuwei)

(2017 Amendments), [1] so the application for advance execution of the plaintiff of public interest litigation was granted.

Forest land is an important part of forest resources and is fundamental to forestry development. Forestland resource protection is an important link in ecological progress, and plays an important role in coping with global climate change and improving ecology and environment. The defendant Ye * Cheng violated Articles 23 and 32 of the *Forest Law of the People's Republic of China* (2009 Amendments) by logging indiscriminately on public welfare forest fields without permission in large quantities, which caused damage to forestry resources and ecology and environment, and caused damage to social and public interests, therefore he should bear corresponding liability for environmental torts. Based on the facts of the entire case and the appraisal and evaluation opinions, the People's Court supported the claim of the plaintiff of public interest litigation that Ye * Cheng should bear the responsibility for ecology and environment restoration.

[Presiding Court and Members of Collegial Bench]

First Instance: The Intermediate People's Court of Lishui City of Zhejiang Province. Cheng Jianyong, Shan Xinxin, Nie Weijie, Zhang Xibin, Yu Jun, Han Liming, and Ye Shuihuo

1. The cited article is now the third paragraph of Article 109 of the *Civil Procedure Law of the People's Republic of China* (2021 Amendments).

VI. Civil environmental public interest litigation by the People's Procuratorate of Yiyang City of Hunan Province against Xia * An and other 14 individuals over ecological damage

[Keywords]

Civil, civil public interest action on ecological damage, restoration of ecology and environment, liability for damages, full compensation, illegal sand mining

[Adjudication Rules]

When the people's court hears cases of civil public interest action on environment, it should implement the principles of liability for damages and full compensation. For illegal and criminal acts of ecological destruction, not only criminal responsibility should be pursued in accordance with the law, but civil liability for ecology and environment damage should also be pursued in accordance with the law. When determining the scope and loss of ecology and environment damage caused by illegal sand mining, a comprehensive assessment and reasonable determination should be made based on the damage situation of water environment quality, riverbed structure, water source conservation, aquatic biological resources, and other factors.

[Basic facts]

From June to November 2016, in order to seek illegal profits, Xia * An and others drove sand dredgers Jiujiang Mining No.158, Xiangyuanjiang Mining No.1168, and Jiangsu No.999 to the non-planned area of Xiasaihu of Dongting Lake for illegal sand mining and obtained an illegal profit of totaling RMB 22,433,330. The illegal sand mining of Xia *An and others constitutes the crime of illegal mining, which was determined by the relevant criminal effective judgment. In July 2019, the People's Procuratorate of Yiyang City of Hunan Province filed a civil public interest action, requesting Xia * An and

Dongting Lake (Photo by Huang Ying)

14 other individuals to assume joint and several liability for ecology and environment damage caused by their illegal sand mining, and apologize for what they've done. According to the Judicial Appraisal Center for Ecology and Environment Damage of the Hunan Research Academy of Environmental Protection Sciences, the impact of illegal sand mining by 15 individuals, including Xia * An, on the ecology and environment of the illegal sand mining area can be divided into water environment quality damage, riverbed structure damage, water source conservation damage, and aquatic biological resources damage. The spatial scope of the ecology and environment impact caused is about 99,000 square meters, of which the loss of aquatic biological resources caused is RMB 26,530, the cost of repairing damaged aquatic biological resources as well as damaged riverbed structure and water source conservation is RMB 79,690 and RMB 8,656,100 respectively, totaling RMB 8,735,790.

[Adjudication Result]

The Intermediate People's Court of Yiyang City of Hunan Province made the judgment [2019, Hunan, 09, Civil First Trial, No.94] on June 8, 2020, holding that first, defendant Xia * An bears compensation responsibility for ecological restoration costs caused by illegal sand mining, totaling RMB 8,735,790. It includes RMB 8,656,100 for the restoration of the original structure of the riverbed and water source conservation, as well as RMB 79,690 for the restoration of aquatic biological resources in the sand mining area. Second, the other 14 defendants are jointly and severally liable in the range of RMB 8.24 million to RMB 38,000 based on their specific infringement acts. Third,

15 individuals including Xia * An make public apologies for illegal mining in national media. The defendant Wang * Gui appealed. The High People's Court of Hunan Province made a civil judgment [2020, Hunan, Civil Final Trial, No.1862] on December 29, 2020 that affirmed the original judgment.

[Adjudication Reasoning]

The effective judgment ruled that, according to the relevant mineral resources laws and regulations in China, the exploration of mineral resources must apply for a permit to obtain a mining right in accordance with the law. It is the national mineral resource that 15 individuals including Xia * An mined in the Xiasaihu area. According to the certificate issued by the Sandstone Resources Mining Management Leading Group Office of Yuanjiang City, the "Situation Statement" provided by the Water Affairs Bureau of Yiyang City, the certificates issued by the River Sandstone Comprehensive Law Enforcement Bureau of Xiangyin County and by the River Sandstone Service Center of Yueyang City, combined with the facts identified in the effective judgment of the other cases and the statements made by the defendants in court, it can be proved that the defendants did not obtain a permit in accordance with the law and privately mined national mineral resources, which should be identified as illegal sand mining.

Illegal sand mining not only causes losses to national resources, but also damages the ecology and environment, resulting in losses to national and social public interests. Mineral resources have both economic and ecological attributes, and we cannot only focus on protecting the economic value of mineral resources while neglecting the ecological value of mineral resources. Whoever conducts illegal sand mining should not only bear criminal liability in accordance with the law, but also civil liability for ecology and environment damage compensation in accordance with the law, and with the principle of making polluters govern and the destroyers bear responsibility.

Illegal Gravel Dredge (Photo by Lei Siyuan)

In this case, the illegal sand mining ecological destruction conducted by 15 individuals, including Xia * An, caused damage to the ecosystem of Dongting Lake, specifically including the loss of rich biological resources of fish, shrimp, crabs, snails and mussels and other mollusks, seriously threatening the stability of Dongting Lake riverbed and flood control safety, and causing damages to the living environment of aquatic biological resources. In order to ensure the scientific, comprehensive, and reasonable determination of the amount of ecology and environment damage, the People's Court entrusts qualified institutions to conduct a judicial appraisal and, through judicial review of the ecological damage appraisal opinions, reasonably determines the amount of compensation for ecology and environment damage caused by ecological destructive acts. The People's

Court instructed the appraisal experts to conduct an all-round appraisal of the damage suffered by the riverbed, water source conservation, biological habitat, fish and shrimp biological resources, and water environment quality in the sand mining area as a result of illegal sand mining in accordance with the principle of full compensation, and quantified the extent of various types of losses based on the total amount of sand and soil extracted, the expansion coefficient, the density of loose sand and soil in the water, the proportion of water content, and the average fish resource yield in Dongting Lake. Although the defendants claimed that the damage to the public interest was not related to them, the statements of the defendants in court in this case all recognized the implementation of sand mining. According to the facts found in the effective judgment of the other cases and the facts identified in the trial, each defendant implemented the illegal sand mining behavior, and the appraisal opinion clearly shows that the sand mining behavior caused damage to the ecology and environment, therefore, defendants' sand mining behavior was found to have damaged the ecology and environment resources. Defendants did not submit rebuttal evidence to overturn the appraisal opinion, and after review, the losses and repair costs contained in the appraisal opinion were confirmed.

Article 64 of the *Environmental Protection Law of the People's Republic of China* stipulates: "Entities or individuals shall assume tort liability according to relevant provisions of the *Tort Liability Law of the People's Republic of China* if they pollute the environment and destroys the ecology and thereby cause any damage." Article 8 of the former *Tort Liability Law of the People's Republic of China* stipulates that where two or more persons jointly commit a tortious act causing damage to another person, they shall bear joint and several liability. Paragraph 2 of Article 20 of the *Interpretation of the Supreme People's Court on Several Issues concerning the Application of Law in the Trial of Cases Involving Environmental Civil Public Interest Litigations* stipulates that the people's court may, while ordering the defendants to restore the ecology and environment, determine the ecology and environment restoration costs to be borne by the defendants in the event that the defendants do not fulfill restoration obligations; it may also directly sentence the defendants to bear the ecological restoration costs. Based on the facts identified during the trial and in accordance with the above legal provisions, 15 individuals including Xia * An constitute joint infringement within the scope of their respective participation in illegal sand mining, and shall bear civil liability for joint and several compensation for ecology and environment restoration costs within the said scope.

[Presiding Courts and Members of Collegial Bench]

First Instance: The Intermediate People's Court of Yiyang City of Hunan Province. Huang Ke, Jiang Yuanjun, Xiong Wenjia, Fu Fu, Tang Meiwei, Zeng Hong, and Xia Kejun

Second Instance: The High People's Court of Hunan Province. Wu Sheng, Yan Wei, and Zeng Zhiyan

VII. Civil environmental public interest litigation by the People's Procuratorate of Nanjing City, Jiangsu Province against Wang * Lin over ecological damage

[Keywords]

Civil, civil public interest action on ecological damage, illegal mining, damage to ecology and environment, determination of overall loss, restoration of system protection

[Adjudication Rules]

1. In hearing an environment-related civil action of public interest, the people's courts shall adhere to the integrated protection and systematic control of mountains, rivers, forests, farmland, lakes, grass and sand. For the ecology and environment damage caused by illegal mining, in addition to determining the losses of mountains (mineral resources) caused, the people's courts shall determine the damages to the ecology and environment elements such as forests and grasses, water and soil, biological resources and their habitats in the exploitation area as a whole.

2. In hearing an environment-related civil action of public interest, the people's courts shall pay full attention to improving the pertinence and effectiveness of ecology and environment restoration, and may, when ruling that the infringer shall bear the expenses of ecology and environment restoration, determine the specific use of the restoration expenses in light of the plans for the restoration of ecology and environment infrastructure and biodiversity restoration.

[Basic facts]

Between 2015 and 2018, Wang * Lin, in violation of the provisions of the national administrative laws on mineral

Laoshan National Forest Park, Nanjing
(Photo by Lei Chaofeng)

Laoshan National Forest Park, Nanjing
(Photo by Lei Chaofeng)

Laoshan National Forest Park, Nanjing
(Photo by Lei Chaofeng)

Yangtze Finless porpoise
(Photo by Ding Duqiu)

resources, used machinery to illegally mine more than 100,000 tons of marl and mud shale outside the red line of construction of a forest farm in Yongning Town and Beiyanshan Avenue, Pukou District, Nanjing City without a mining license. The People's Procuratorate of Pukou District of Nanjing City initiated a public prosecution before the Primary People's Court of Xuanwu District of Nanjing City on the grounds that the actions of Wang * Lin constituted the crime of illegal mining. During the trial of this case, Wang * Lin refunded RMB 4,455,998.6 of the ore resources. In March 2020 and August 2020, Jiangsu Provincial Academy of Environmental Science successively issued the Assessment Report on Ecology and Environment Damage of the Case of Illegal Mining against Wang * Lin et al. in Pukou District, Nanjing City (hereinafter referred to as the "Assessment Report"), and the Supplementary Explanation on Ecology and Environment Damage (Animal Category) of the Case of Illegal Mining against Wang * Lin et al. in Pukou District, Nanjing City (hereinafter referred to as the "Supplementary Explanation"). The People's Procuratorate of Nanjing City claimed that Wang * Lin's illegal mining had caused damage to national mineral resources and the ecology and environment, and harmed the public interest, so by initiating the action in this case, it requested the court to order

Wang * Lin to bear the tort liability for ecological damage and compensate the restoration costs of ecology and environment damage of RMB 1,893,112 (specifically including: 1. RMB 861,750 for the direct economic loss of forest trees among the loss of ecological resources; 2. the loss of affected ecosystem functions, namely RMB 440,233 for the loss of forest conservation water; RMB 50,850 for the loss of soil erosion; RMB 81,360 for the loss of soil denudation; RMB 64,243 for the loss of tree oxygen release; RMB 243,122 for the loss of ecological value of birds; RMB 18,744 for the loss of mammalian habitat service; 3. RMB 132,810 for the value loss of biodiversity during restoration) as well as RMB 400,000 for administrative expenses, and the People's Procuratorate of Nanjing City submit a corresponding restoration plan.

[Adjudication Result]

On December 4, 2020, the Intermediate People's Court of Nanjing City of Jiangsu Province rendered the civil judgment [2020, Jiangsu, 01, Civil First Trial, No.798]: 1. The defendant Wang * Lin was liable for the compensation for the losses of ecological resources in the amount of RMB 1,893,112 (paid) caused by his illegal mining, of which RMB 1,498,436 shall be used for the ecological restoration of Ecological Restoration Project of Nanjing * Mine and the Geological Disaster Protection Projects of Yongning Avenue, Pukou District, Nanjing, and the remaining RMB 394,676 shall be used for the restoration and protection of biodiversity in the above-mentioned areas. 2. Defendant Wang * Lin shall bear the administrative expenses of RMB 400,000 (paid) for damage assessment and others and such expenses shall be transferred to the People's Procuratorate of Nanjing City of Jiangsu Province within ten days after the effectiveness of this judgment. After this judgment was rendered, both Wang * Lin and the People's Procuratorate of Nanjing City of Jiangsu Province did not institute any appeal and the judgment became legally effective.

[Adjudication Reasoning]

In the effective judgment, the Court held that illegal mining causes compound harm to ecological resources, and illegal strip mining along the Yangtze River will not only cause losses to the national

Finless porpoise and birds (Photo by Chi Yanqing)

mineral resources, but also inevitably damage the ecology and environment of the mining area and cause losses to ecological elements. The environment and the creature, as well as different creatures, are synergistic, symbiotic, interactive and interdependent, forming a dynamic balance. Damage to one ecological element is bound to have adverse impacts on the multiple elements of the entire ecological system. Illegal mining will directly lead to the destruction of vegetation and soil in the mining area, the damage of mountains will affect the accumulation of forests and grasses, the reduction of forests and grasses will affect soil and water conservation, and the destruction of the above-mentioned ecological elements will directly and indirectly affect the habitat of birds and other animals, resulting in the overall destruction of ecosystems and the reduction of biodiversity, and as a result, the systematic damage of ecological interests of natural elements will eventually affect human production and life as well as the realization of a beautiful ecology and environment. The defendant, Wang * Lin violated the provisions of the *Mineral Resources Law* by conducting illegal mining without obtaining a mining license, causing damage to the ecology and environment, subjectively at fault, and there was a causal relationship

Dongting Lake (Photo by Huang Ying)

between the illegal mining conduction and the damage to the ecology and environment, therefore should bear compensation for the consequences of ecology and environment damage caused by his acts in accordance with Article 6 of the original *Tort Liability Law of the People's Republic of China*.

1. The calculation of ecology and environment damage

(1) The calculation of economic losses to ecological resources at issue is reasonable

Illegal mining will inevitably cause serious damage to the vegetation in the exploited area, and the damaged hills and natural forest land require a reasonable period of time to be restored, that is, a long time for them to restore to fulfill the ecological service function, therefore, it is reasonable to use the forest land with 20 years of growth as a benchmark calculation in the Assessment Report, and the explanation given by the issuer on the calculation of forest economic loss is scientific. As a result, the Court supported the forest economic loss of

RMB 861,750 caused by illegal mining according to the law.

(2) The calculation of the loss of ecological value of birds is appropriate

Forest resources provide habitat and food sources for birds which maintain the integrity of the food chain and the smooth progress of nutrient cycling. Habitat destruction will inevitably lead to forest bird migration or food chain breakage. Once the integrity of the food chain is destroyed, it will have serious consequences for the entire forest ecosystem. The Supplementary Explanation indicates that the two illegal mining sites are the main habitats and suitable habitats for forest bird populations, and that illegal mining has caused serious damage to bird habitats, resulting in the loss of seed dispersal revenue and soil improvement revenue. Birds are the main dispersers and feeders of seeds, and can carry or swallow plant seeds, which is conducive to the natural succession of secondary forests of ecosystems; At the same time, the virtuous cycle of secondary forest and primary forest systems also provides shelter for the natural habitat of birds, which is of great significance for the dispersal of plant seeds. The issuer of the Supplementary Explanation, from the perspective of ecosystem integrity and interspecific ecological balance, provided a detailed explanation of the loss of bird-dispersed seeds in terms of the balance damaged by illegal mining and the destruction of biodiversity caused by illegal mining. The explanation was scientific and reasonable, therefore, the loss of bird ecological value of RMB 243,122 caused by illegal mining shall be recognized by the Court according to the law.

(3) There is indeed a loss of service value of mammalian habitats

Forest ecosystems are an important part of the terrestrial ecosystem and are also one of the main habitats for mammal reproduction and survival. Mammals not only play an important role in maintaining the balance of ecosystems, but also regulate plant competition, maintain ecosystem species diversity, and participate in material and energy cycles, which are the most basic driving forces for changing the configuration of components within ecosystems.

Before and after ecological restoration (Photo courtesy of the adjudicating court)

Although the damaged value of habitat ecology and environment cannot be quantified due to objective factors, the illegal mining conduction has caused mountain destruction and vegetation destruction, resulting in a serious impact on mammal transit and the loss of mammalian habitat service value. In combination with the actual fact that the illegal mining areas involved in this case are located at the mouth of a mine pit and at the intersection of a forest farm, and by comprehensively considering the vegetation coverage of the above-mentioned areas, as well as the relatively small types and numbers of mammals in the two regions caused by the impact of human activities, the Court found that the claimed loss of service value of mammal habitats of RMB 18,744 by the plaintiff of public interest litigation, which is calculated as 1% of the loss of other ecology and environment of RMB 1,874,368, is reasonable to some extent, and therefore shall be supported in accordance with law.

2. The restoration of the ecology and environment

The restorative justice theory requires

that the damaged ecology and environment be effectively restored, and systematic protection refers to the protection of each ecological element in an all-round, all-region and whole-process manner. The restoration of the loss caused by the destruction of the ecology shall also refer to comprehensive consideration of the actual impact suffered by different ecological elements based on the whole system, with focus on the systematic restoration of the ecology and environment from the source and the effective play of the ecological benefits of natural elements, so as to provide practical and effective protection for the ecosystem of the Yangtze River basin. In view of the serious damage caused by illegal mining to the ecology and environment, measures should be taken to eliminate the hidden dangers of geological disasters in damaged mountains. In addition, from the perspective of restoring their ecological and environmental functions as much as possible, an overall analysis and judgment shall be made in the light of the actual development of the economy, society and humanity.

The restoration plan involved in this case covers multiple aspects of ecological restoration and governance such as mountain restoration, vegetation replanting, and green space leveling. It fully considers the functional positioning of the ecology and environment structure in the area, and embodies the theory of strengthening the collaborative management of various ecological elements such as mountains, rivers, forests, fields, lakes, grass and sand. It has been demonstrated by the Court's technical consultants as scientific in conclusion and feasible in method. Among the ecology and environment loss expenses compensated by Wang * Lin, the expenses fall within the scope of improving the damaged natural environment and restoring and maintaining the normal ecological functions of ecology and environment elements can be used for ecological restoration projects and geological disaster protection projects in the area where the infringement occurred. In this case, the biological habitat is also an important ecological protection and restoration target. The loss of affected biodiversity, that is, the loss of the ecological value of birds, the loss of the service value of mammal habitats, and the cost of restoring the value of biodiversity during the restoration period fall within the scope of biodiversity restoration consideration, and can be used for the restoration and conservation of biodiversity in the area where the infringement occurred after the completion of the basic restoration projects.

In summary, the Court ruled in its final judgement that Wang * Lin shall be liable for the loss of ecological resources caused by his illegal mining, and specified the use of expenses for projects such as ecological restoration and geological protection, and for biodiversity protection.

[Presiding Court and Members of Collegial Bench]

First Instance: The Intermediate People's Court of Nanjing City of Jiangsu Province. Chen Ying, Jiang Li, Liu Shanglei, Chen Meifang, Mao Jianmei, Ding Qian, and Ren Zhongyuan

VIII. Civil environmental public interest litigation by the People's Government of Chongqing Municipality and Chongqing * Voluntary Service Development Center against Chongqing * Property Management Co., Ltd. and Chongqing * Environmental Protection Technology Co., Ltd. over ecology and environment damage compensation and environmental pollution

[Keywords]

Civil, action of ecology and environment damage compensation, civil action of public interest on environment, entrusted pollutant discharge, contributory infringement, restoration expenses of ecology and environment, virtual governance cost method

[Adjudication Rules]

1. Any company that has obtained the pollutant discharge license shall assume the statutory obligation of ensuring the normal operation of its pollutant discharge disposal equipment and the compliance of its emissions with the national and local emission standards. In the event that it entrusted any other entity for the disposal, it shall be liable for the supervision of the entrusted entity; Those that are fully aware of the illegal pollution discharge of the entrusted entity but fail to stop or facilitate the entrusted entity shall assume joint and several liabilities for the damage of environmental pollution.

2. Where a polluter's discharge of pollutants into a water area causes ecology and environment damage and it is difficult to calculate the ecology and environment restoration costs, the damage consequences may be quantified by the use of the virtual governance cost method in accordance with the relevant provisions of the

Mountain City Chongqing
(Photo by Liu Jinlin)

environmental protection agency on the appraisal and evaluation of ecology and environment damage. And the quantified amount of ecology and environment damage shall be calculated based on the type and amount of pollutants illegally discharged, as well as the exclusivity of the pollution sources and other factors.

[Basic facts]

Chongqing * Electroplating Industrial Park is located in an industrial park in Jiangbei District, Chongqing and is the only electroplating industrial park there, which is home to several electroplating enterprises. Chongqing * Property Management Co., Ltd. (hereinafter referred to as the "Property Management Company") provides property management services for the enterprises settled in the Park and is responsible for the disposal of wastewater generated by the enterprises there. The Property Management Company, with a pollutant discharge license and the facilities and equipment for wastewater disposal, entered into an Agreement of Entrustment Operation and Contract Management on Disposal of Electroplating Wastewater (hereinafter referred to as the "Entrustment Operation Agreement") with Chongqing * Environmental Protection Technology Co., Ltd. (hereinafter referred to as the "Environmental Protection Company") on December 5, 2013, the term of which is four years. According to the Entrustment Operation Agreement, the Environmental Protection Company undertook the wastewater disposal project from the industrial park to dispose of the wastewater of the latter handed over by the Property Management Company using the wastewater disposal equipment owned by the Property Management Company.

On April 21, 2016, during an on-site inspection of a wastewater disposal station of the Property Management Company, law enforcement officers of the Chongqing Municipal Environmental Supervision Corps found that neither the two total chromium reactors nor one integrated reactor facility in the wastewater disposal station was operational, and that the wastewater generated was discharged into the external environment without disposal. From April 22, 2016 to April 26, 2016, after sampling, monitoring and analysis by law enforcement officers, it was found that the heavy metals in the discharged wastewater exceeded the permitted limit. The total chromium concentration in the illegal discharge wastewater was 55.5mg/L, the total zinc concentration was 2.85 × 102mg/L, the total copper concentration was 27.2mg/L, and the total nickel concentration was 41mg/L, which exceeded the permitted limits stipulated in the *Emission Standard of Pollutants for Electroplating* (GB 21900-2008) by 54.5 times, 189 times, 53.4 times and 81 times

Riverbank, Furong River (Photo by Wang Junjie)

respectively and has caused serious impact and damage to the ecology and environment. On May 4, 2016, law enforcement officers conducted another on-site inspection and found that the heavy metal wastewater from the No.1 comprehensive wastewater regulation tank of the wastewater disposal station concerned was directly discharged to the external environment through the 120mm diameter pipe network on the pool wall without normal disposal, and flowed into the municipal pipe network of the industrial park and then entered the Yangtze River. After monitoring, the concentration of hexavalent chromium in the wastewater leaking in the No.1 pond was 6.10mg/L, and the total chromium concentration was 10.9mg/L, which exceeded the permitted limits under the national standard by 29.5 times and 9.9 times respectively. From September 1, 2014 to May 5, 2016, a total of 145,624 tons of wastewater was illegally discharged. It was also found that in August 2014, the Property Management Company transformed the original waste acid collection tank into the No.1 comprehensive wastewater conditioning tank, and the transmission of wastewater was also changed from an underground pipe network to a high-altitude pipe network. On the wall of the pool, there was one 110mm and one 120mm caliber pipe network respectively. Only the 110mm caliber pipe network but not the 120mm caliber pipe network was closed in revamp. The unclosed pipe network is a concealed pipe buried underground. Since September 2014, the Environmental Protection Company, knowing that there was a 120mm pipe network in the pool connecting to the external environment, had been using such pipe network to discharge undisposed wastewater containing heavy metal directly to the external environment.

As entrusted by the People's Government of Chongqing Municipality, Chongqing

Wuling Mountain Great Rift Valley (Photo by MT. Wuling Great Rift Valley)

Research Institute of Environmental Sciences has appraised and assessed the ecology and environment damage caused by the Property Management Company and the Environmental Protection Company's illegal discharge of wastewater exceeding the prescribed limits, and issued the Appraisal and Assessment Report in April 2017, which specifies that the pollution act in this incident is clear, the migration path of pollutants is reasonable, the source of pollution is homologous to the pollutants in the wastewater illegally discharged into the external environment, and the source of pollution is exclusive. The pollution occurred from September 1, 2014 to May 5, 2016, and a total of 145,624 tons of wastewater was illegally discharged. The main pollution factors were hexavalent chromium, total chromium, total zinc, total nickel, etc., causing serious damage to the water body of the Yangtze River. The Appraisal and Assessment Report adopted the virtual governance cost method recommended by the *General Principles of Technical Guidelines for Identification and Assessment of Environmental Damage* and the *Recommended Methods for Environmental Damage Identification and Assessment (Edition II)* to quantify the ecology and environment damage, and calculated the virtual governance cost as RMB 3,203,728 based on the actual disposal cost of RMB 22 per ton multiplying by the amount of illegal wastewater discharge. As the wastewater was illegally discharged in the water area of the main urban section of the mainstream of the Yangtze River, the applicable function should be categorized as Class III water bodies. With the multiples of Class III water bodies ranging from 4.5 to 6 times the virtual governance costs according to the "principle of determining pollution remediation costs" of the virtual governance cost method, and with the lowest multiple being selected for this assessment, the quantitative amount of ecology and environment pollution damage caused by the illegal discharge of wastewater by the two defendants should be RMB 14,416,776 (that is, RMB 3,203,728 × 4.5 times = RMB 14,416,776). For the background information, Chongqing Research Institute of Environmental Sciences is the qualified identification and assessment institution identified in the *Circular on Printing and Distributing the Directory of Recommended Institutions for Environmental Damage Identification and Assessment (the First Batch)* issued by the Ministry of Environmental Protection.

On June 30, 2016, the Chongqing Municipal Environmental Supervision Corps imposed an administrative penalty decision on the grounds that from September 1, 2014 to May 5, 2016, the Property Management Company had directly discharged wastewater containing heavy metals into the municipal wastewater pipe network of the Gangcheng Park into the Yangtze River through the 120mm pipe network in the No.1 comprehensive regulation tank without disposal at the main discharge outlet of the wastewater disposal station. Therefore, the Chongqing Municipal Environmental Supervision Corps fined the Property Management Company RMB 5,807,200. The Property Management Company disagreed with the administrative penalty decision and applied for administrative review before Chongqing Municipal Environmental Protection Bureau which affirmed the administrative penalty decision in its administrative review. Subsequently, the Property Management Company filed an

Wuling Mountain Great Rift Valley (Photo by MT. Wuling Great Rift Valley)

action with the Primary People's Court of Yubei District of Chongqing Municipality, requesting to overturn the administrative penalty decision and the administrative review decision. On February 28, 2017, the Primary People's Court of Yubei District of Chongqing Municipality rendered an administrative judgment [2016, Chongqing, 0112, Administrative First Trial, No.324] to dismiss the claims of the Property Management Company. After the judgment was issued, the Property Management Company did not institute any appeal, so the judgment became final and took force.

On November 28, 2016, the People's Procuratorate of Yubei District of Chongqing Municipality initiated a public prosecution before the Primary People's Court of Yubei District of Chongqing Municipality, accusing that the Environmental Protection Company and its legal representative—Cheng * et al. committed the crime of environmental pollution and shall be held criminal liability in accordance with the law. On December 29, 2016, the Primary People's Court of Yubei District of Chongqing Municipality rendered the criminal judgement [2016, Chongqing, 0112, Criminal First Trial, No.1615], holding that the Environmental Protection Company, and Cheng * et al. accountable for the crime of environmental pollution. After the judgement was issued, the Environmental Protection Company and Cheng * et al. did not protest and appeal, so the judgement became final and took force.

[Adjudication Result]

On December 22, 2017, the First Intermediate People's Court of Chongqing Municipality rendered the civil judgment [2017, Chongqing, 01, Civil First Trial, No.773], holding that: 1. The defendants—the Property Management Company and the Environmental Protection Company shall jointly and severally indemnify RMB 14,416,776 for ecology and environment restoration costs, which shall be paid to the special account of Chongqing Municipal Finance Bureau within ten days after the judgment took force and used by the plaintiffs the People's Government of Chongqing Municipality and the department designated by it, and Chongqing * Voluntary Service Development Center for the purpose of alternative remediation in light of the ecology and environment damage in the region. 2. Within ten days after the judgment took force, the defendants—the Property Management Company and the Environmental Protection Company shall make a public apology to the society through media at the provincial level or above. 3. Within ten days after the judgment took force, the defendants—the Property Management Company and the Environmental Protection Company shall pay the plaintiff the People's Government of Chongqing Municipality the appraisal fees of RMB 50,000 and the attorney fee of RMB 198,000. 4. Within ten days after the judgment took force, the defendants—the Property Management Company and the Environmental Protection Company shall pay the plaintiff Chongqing * Voluntary Service Development Center the appraisal fees of RMB 80,000. 5. Other claims of plaintiffs—the People's Government of Chongqing Municipality and Chongqing * Voluntary Service Development Center were dismissed. After the judgment was rendered, none of the parties concerned filed an appeal within the statutory period, therefore, the judgment became final and took force.

[Adjudication Reasoning]

The Court held in its valid judgement that the People's Government of Chongqing Municipality was entitled to file an ecology and environment damage compensation action pursuant to the provisions of the *Pilot Reform Program of the Ecology and Environment Damage Compensation System (2015)*, and Chongqing * Voluntary Service Development Center is qualified as a legal subject to bring the environmental public interest litigation, therefore, the two plaintiffs have respective rights of actions based on different regulations, which should both be protected under the law. Considering that the two plaintiffs filed actions against the same defendants based on the same pollution facts, and the claims are basically the same, the two cases shall be heard consolidated.

The issues of this case are:

1. Whether the types of pollutants, the exclusivity of pollution source, measurement of illegally discharged wastewater and quantified damage amount as identified in the Appraisal and Assessment Report are accurate

First, the Court was adjudicating whether the types of pollutants, exclusivity of pollution source, and measurement of illegally discharged wastewater as identified in the Appraisal and

Assessment Report are accurate. The administrative judgement [2016, Chongqing, 0112, Administrative First Trial, No.324] confirmed, directly or indirectly, the types of pollutants, the exclusivity of pollution source and measurement of illegally discharged wastewater. The two defendants at issue did not provide contrary evidence to overturn the judgment, so the Court affirmed the above-mentioned environmental pollution facts on which the Appraisal Assessment Report is based. Specifically, first regarding the type of pollutants, in addition to the total chromium and hexavalent chromium as identified under the effective criminal judgment, the wastewater illegally discharged by the two defendants also contained heavy metal substances such as total zinc and total nickel, which were confirmed by the environmental monitoring report issued by the Jiangbei District Environmental Monitoring Station and the Chongqing Environmental Monitoring Center, and the effective administrative judgment [2016, Chongqing, 0112, Administrative First Trial, No.324], and also admitted by

Furong Cave, Fariy Mountain (Photo by Wang Junjie)

Cheng *, the legal representative of the Environmental Protection Company in the investigation and questioning stages. Second, regarding the exclusivity of pollution source, the two defendants argued that the sampling points W4 and W6 identified in the Analysis Report (Document No.: Jiangbei Environment [Monitoring] [2016] JD009) issued by the Jiangbei District Environmental Monitoring Station were higher than those of the wastewater disposal station concerned, so the pollutants exceeding the permitted limits detected in these two places could not have been caused by the acts of the two defendants. Due to the characteristics of fluidity and self-purification function of the polluted waters, the water quality has been restored to a certain extent. At the time of appraisal, the appraisal agency can no longer objectively extract the wastewater samples that flow out when the illegal discharge of wastewater occurred around the wastewater disposal station, so it can only be tested on the basis of the illegally discharged wastewater samples fixed

Chongqing Wulong Three Natural Bridges Scenic Area (Photo by Wang Junjie)

by sampling when the environmental administrative law enforcement department investigated the illegal acts of the two defendants. In the process of environmental law enforcement on the wastewater disposal concerned, repeated monitoring and sampling were carried out at multiple sampling points. Besides the Analysis Report (Document No.: Jiangbei Environment [Monitoring] [2016] JD009), the Jiangbei District Environmental Monitoring Station and the Chongqing Environmental Monitoring Center also issued several monitoring reports. The administrative penalty decision of the Chongqing Municipal Environmental Supervision Corps and the review decision of the Chongqing Municipal Environmental Protection Bureau were both made on the basis of a comprehensive assessment of the above-mentioned monitoring reports instead of only relying on one of the analysis reports or monitoring reports. The legality and rationality of the acts of the environmental protection departments in the whole process of administrative law enforcement (including sampling) have been confirmed by the effective administrative judgment. Meanwhile, the above monitoring results showed that the pollutants in the wastewater were heavy metal wastewater discharged by the electroplating industry, and the evidence on records confirmed that there was only one electroplating industrial park in the area involved. In addition, the type of wastewater illegally discharged by the wastewater disposal station concerned was consistent

with the type of wastewater in the environmental monitoring results. Having said that, the above facts can justify that the source of the wastewater discharged from the above-mentioned sampling points is only likely to be from the wastewater disposal station concerned. Therefore, it can be concluded that the source of pollutants is exclusive. Third, regarding the issue of illegal pollution discharge measurement, according to the confirmation of the valid criminal judgment and administrative judgment, combined with the investigation and inquiry records in the process of administrative law enforcement, the facts can be ascertained that the wastewater of the chromium regulation tank entered the No.1 comprehensive wastewater regulation tank, and the wastewater containing heavy metals were directly discharged into the external environment and into the municipal pipe network through the 120mm diameter pipe network installed in the No.1 pool. The Court held after review that, the Appraisal and Assessment Report, in combination with various evidences, calculated the amount of illegal wastewater discharged by subtracting the total amount of water consumption, sludge water content, in-pipeline drainage, and holiday discharge. The evidence and facts on which the Appraisal and Assessment Report were based have either been recognized by the defendants or confirmed by effective judgments, or the relevant administrative acts have passed the legality review of administrative litigation procedures. Therefore, the measurement used in the Appraisal and Assessment Report is found as scientific and reasonable. In summary, the objections raised by the Property Management Company and the Environmental Protection Company regarding the types of pollutants, the amount of wastewater illegally discharged and the exclusivity of pollution sources were dismissed.

Second, regarding whether the quantified damage amount as recognized in the Appraisal and Assessment Report is accurate. The plaintiffs entrusted Chongqing Research Institute of Environmental Sciences to conduct the appraisal and assessment of the ecology and environment damage of this case and issue the Appraisal and Assessment Report, which determined the quantified amount of the ecology and environment damage caused by the two defendants as RMB 14,416,776. After investigation, the Court found that Chongqing Research Institute of Environmental Sciences is a qualified identification and assessment institution identified by the *Circular on Printing and Distributing the Directory of Recommended Institutions* *for Environmental Damage Identification and Assessment (the First Batch)* issued by the Ministry of Environmental Protection. Therefore, such entrustment by the plaintiff for the appraisal of the ecology and environment damage in this case complies with the provisions of judicial interpretations as Chongqing Research Institute of Environmental Sciences is qualified for the appraisal. According to the *General Principles of Technical Guidelines for Identification and Assessment of Environmental Damage* and *Recommended Methods for Environmental Damage Identification and Assessment (Edition II)* organized and formulated by the Ministry of Environmental Protection, the virtual governance cost method can be used for the appraisal and assessment to quantify the ecology and environment damage. And the quantitative results can be used as the basis for compensation for ecology and environment damage. In view of the long duration of the illegal pollutant discharge in this case, the large volume of illegal discharge, and the dynamics of the Yangtze River water body, it is difficult to directly calculate the cost of ecology and environment restoration, so it is not improper to use the virtual governance cost method to quantify the damage results in the Appraisal and Assessment Report. The actual unit disposal cost of RMB 22 per ton as determined in the Appraisal and Assessment Report was based on the on-site verification of the financial vouchers of the Property Management Company by the Chongqing Municipal Environmental Supervision Corps, in combination with the investigation and inquiry record of Sun * Liang, the legal representative of the Property Management Company. According to the *Recommended Methods for Environmental Damage Identification and Assessment (Edition II),* the Appraisal and Assessment Report determined that the

Wuling Mountain Great Rift Valley (Photo by MT. Wuling Great Rift Valley)

cost of restoration of Class III surface water pollution was 4.5 to 6 times the cost of virtual governance. Combined with the pollution facts of this case, the smallest multiple, that is, 4.5 times, was taken to calculate the quantified amount of damage as RMB 3,203,728 × 4.5 times = RMB 14,416,776, which is appropriate.

In summary, as the appraisal institution and appraisers for the Appraisal and Assessment Report are qualified and the procedures for appraisal and assessment entrustment comply with the law, the person in charge of the appraisal and assessment project also appeared in court for examination at the request of the Court, the facts on which the appraisal and assessment are based are supported by effective legal documents, and the calculation methods and conclusions adopted are scientific and well-founded. Therefore, the Court admitted the Appraisal and Assessment

The Longshui Gorge (Photo by Wang Junjie)

Report and the relevant evidence on which it is based.

2. Whether the property management company and the environmental protection company constitute contributory infringement

Without doubt, the Environmental Protection Company was fully aware of the existence of the 120mm diameter pipe network on the wall of No.1 Wastewater Regulating Tank and intentionally made use of it to discharge pollution in violation of the laws, therefore, should be liable for damages. The key to this issue lies in how to evaluate the acts of the Property Management Company and whether it constitutes contributory infringement with the Environmental Protection Company. The Court held that the Property Management Company and the Environmental Protection Company constituted contributory infringement and shall bear joint and several liability.

First, China adopts the pollutant discharge licensing system, through which the State can effectively regulate the polluters and under which any enterprise that obtains a pollutant discharge license as a pollutant discharging entity shall be obliged to discharge pollutants according to law; otherwise, it shall bear corresponding legal liability. The Property Management Company holds a pollutant discharge license and shall ensure that it discharges pollutants in accordance with the provisions and requirements of the license. The Property Management Company's entrustment to the Environmental Protection Company specializing in environmental disposal (including the operation of industrial wastewater) to conduct wastewater disposal according to the Entrustment Operation Agreement is not prohibited by laws. However, no matter whether it discharges pollutants by itself or by entrusting others to discharge pollutants, the Property Management Company shall ensure that its wastewater disposal station operates normally, and that the discharges meet national and local discharge standards, which is the legal liability of an enterprise obtaining a pollutant discharge license and such liability shall not be relieved through a civil agreement. In other words, the Property Management Company, as a pollutant discharger, had the statutory responsibility to supervise the legal pollution discharge of the Environmental Protection Company. In addition, it also had the obligation to supervise the daily pollution discharge of the Environmental Protection Company according to the Entrustment Operation Agreement. However, the illegal pollutant discharge in this case lasted for one year and eight months. The Property Management Company obviously failed to fulfill its

Grassland, Fairy Mountain (Photo by Wang Junjie)

supervision obligations.

Second, either according to the statutory responsibility of the owner of the discharge equipment and the pollutant discharging entity, or in compliance with the Agreement between the two parties, the Property Management Company should ensure that the wastewater disposal facilities and equipment are operated normally and intact. In August 2014, when the Property Management Company transformed the waste acid pond into the No.1 wastewater conditioning tank and changed the underground pipe network to a high-altitude pipe network, it failed to seal the 120mm diameter hidden pipe in the pool in accordance with the normal disposal method and it did not provide evidence to prove the reasonable legality of not sealing the hidden pipe. It was through the hidden pipe that the Environmental Protection Company carried out illegal discharge. In other words, the Property Management Company knowingly left a pipe network for the wastewater disposal equipment provided by the Environmental Protection Company that could carry out illegal discharge. In view of the above, it could be determined that the Property Management Company had the intention for violations, and objectively provided conditions for the illegal discharge.

Third, as the wastewater to be disposed of was provided by the Property Management Company to the Environmental Protection Company, the former should have known the amount of the wastewater to be disposed of. In the meantime, as the pollutant discharging

entity, the Property Management Company is responsible for paying the pollutant discharge fee to the environmental protection authority and it also should have known the amount of the wastewater legally discharged. In addition, as the property management authority, it knows well the actual water consumption of the enterprises located in the park. In combination with the above, one can ascertain the existence of illegal discharge. Therefore, it can be determined that the Property Management Company knew the Environmental Protection Company's illegal discharge of pollutants. However, it overlooked the Environmental Protection Company's discharging wastewater in violation of the law, and continued to hand the wastewater over to the Environmental Protection Company for disposal. It can be deemed that they have reached a tacit understanding, had the intention for contributory infringement, and jointly caused the pollution results.

Fourth, given that environmental tort cases feature the multiplicity of infringement methods, the complexity of the infringement process, and the concealment and long-term consequences, proving environmental tort cases, especially proving the subjective intent of a polluter discharging pollutants in violation of the law, is relatively difficult. Furthermore, this case also involves the harm to environmental public interests. Therefore, the particularity of such cases should be fully considered to avoid evasion of liability and damage to public interests by accurately applying the principles of burden of proof and attribution of responsibility. In summary, based on the facts and evidence of this case, the evidence to prove that the Environmental Protection Company and the Property Management Company constituted contributory infringement of environmental pollution has satisfied the civil standard of preponderance of the evidence. Therefore, it should be found by the Court that as the Environmental Protection Company and the Property Management Company had subjective joint intention and objectively engaged in joint acts of illegal pollution discharge, the two defendants constituted contributory infringement and should bear joint and several liability accordingly.

[Presiding Court and Members of Collegial Bench]

First Instance: The First Intermediate People's Court of Chongqing Municipality. Qiu Xiaoyin, Jia Ke, and Zhang Li

IX. Civil environmental public interest litigation by the People's Procuratorate of Yantai City of Shandong Province against Wang * Dian, Ma * Kai over environmental pollution

[Keywords]

Civil, civil action of public interest on environment, water pollution, responsibility of ecology and environment restoration, self-cleaning function

[Adjudication Rules]

Where a polluter in violation of national regulations by discharging pollutants into water bodies, causing ecology and environment damage, claims exemption or reduction of ecology and environment restoration responsibilities on the grounds that the polluted water body has a self-cleaning function and the water quality can be restored, the people's court shall not support such claims.

[Basic facts]

From February to April 2014, Wang * Dian and Ma * Kai were engaged in the hydrochloric acid cleaning feldspar granule project in a workshop located in Xiaoshuizhuang Village, Zuocun Town, Laizhou City, without any registration, safety inspection, environmental assessment, or other procedures. For the purpose of proceeding with the project, Wang * Dian provided the venue, personnel and partial funding, while Ma * Kai financed the construction of the reaction pool, provided technical guidance and equipment, purchased raw materials, and sold the finished products. Approximately 60 tons of waste acid were generated during such an operation. Initially, Wang * Dian stored the waste acid

Temple fair, Yantai (Photo by Lu Yiting)

in a wastewater pool outside the north wall of the compound. During the storage period in the wastewater pool, there were evident signs of leakage, resulting in pollution of the soil and groundwater around the wastewater pond. The waste acid was then discharged into the Xiaoshui River north of the village through drainage ditches outside the east and west walls of the compound, causing pollution to the water in the Xiaoshui River. Since the end of April 2014 when the hydrochloric acid cleaning of feldspar particles by Wang * Dian and Ma * Kai was seized and shut down by the Laizhou Municipal Public Security Bureau, more than 20 tons of remaining waste acid from the hydrochloric acid cleaning of feldspar particles were buried in the reaction pool by Wang * Dian. The waste acid, as monitored by the Laizhou Environmental Monitoring Station and confirmed by the Laizhou Environmental Protection Bureau, had a pH value below 2. According to the *National Catalogue of Hazardous Wastes*, hazardous waste identification standards and identification methods, the waste acid is classified as

Kunyu Mountain National Nature Reserve (Photo by Kunyu Mountain National Nature Reserve Management Committee)

hazardous waste under the category "HW34 waste acid with code 900-300-34". On June 1, 2016, the defendant Ma * Kai was found guilty of the crime of environmental pollution and sentenced to one year and six months in prison with a two-year probation period, and was fined RMB 20,000 (the fine has been paid). The defendant Wang * Dian was found guilty of the crime of environmental pollution and sentenced to one year and two months in prison with a two-year probation period, and was fined RMB 20,000 (the fine has been paid).

In the criminal case of environmental pollution involving Wang * Dian, as handled by the Laizhou Municipal Public Security Bureau, the "On-Site Investigation and Examination Work Record" of the Food, Drug, and Environmental Crime Investigation Group of the Laizhou Municipal Public Security Bureau recorded that "the central site is located in an abandoned workshop. Inside the workshop, there are two reaction pools arranged in a north-south direction on the west side of the workshop, each measuring 20m in length, 6m in width, and with an average depth of 1.5m. The bottom of the reaction pools slopes. On the north side of the workshop, there is a passage, and within the passage, there are three cement pools measuring 15m in length, 2.6m in width, and 2m in depth." The waste acid in the north pool on the west side of the workshop was now buried with sand, and the total weight of the contaminated sand was 223 tons.

On November 27, 2015, the Food, Drug, and Environmental Crime Investigation Group of the Laizhou Municipal Public Security Bureau entrusted the Environmental Risk and Pollution Damage Appraisal and Assessment Center of Shandong Academy of Environmental Sciences to assess the degree and amount of environmental

damage caused by the pollution in the case involving Wang * Dian and Ma * Kai in Laizhou City. In February 2016, the Center issued an environmental damage inspection report for the pollution case involving Wang * Dian and Ma * Kai in Laizhou City, determining that the quantifiable environmental damage in this assessment includes emergency disposal costs and ecology and environment damage costs. Specifically, the emergency disposal cost of RMB 56,000 is for the disposal of the contaminated sand in the acid washing pool, and the ecology and environment damage cost of RMB 720,000 is for the ecological damage caused by the illegal discharge of acid washing wastewater, a total of RMB 776,000.

On April 6, 2016, the People's Procuratorate of Laizhou City issued the Prosecution Recommendation Letter to the Environmental Protection Bureau of Laizhou City, stating that, "We suggest conducting a comprehensive investigation into the discharge of pollutants from other enterprises and small workshops in the Xiaoshui River basin to determine if there are still acts of discharging pollutants into the Xiaoshui River basin." On May 3 of the same year, the Environmental Protection Bureau of Laizhou City responded that "upon receiving the Prosecution Recommendation Letter from the People's Procuratorate of Laizhou City, our bureau immediately organized law enforcement officers to conduct a comprehensive investigation into the discharge of pollutants from enterprises and small workshops in the Xiaoshui River basin. Through strict law enforcement, no environmental violations such as the discharge of hazardous waste like waste acid into the Xiaoshui River basin were found."

On February 8, 2017, the Intermediate People's Court of Yantai City of Shandong Province, together with the plaintiff of public interest litigation, as well as Wang * Dian, Ma * Kai, the Environmental Protection Bureau of Yantai City, the Environmental Protection Bureau of Laizhou City, and the local village committee, conducted on-site inspections and sampling monitoring of the polluted areas caused by the wrongful acts of Wang * Dian and Ma * Kai, including the sand in the acid washing pool and the underground water wells of some residents in the surrounding residential area. A total of 22 photographs were taken as evidence. The environmental protection department submitted a water quality monitoring report dated February 13, 2017 (with all eight monitoring points meeting the water quality standards), and a solid waste testing report for the acid washing pool issued by a professional testing company on February 14, 2017 (pH value at -40cm: 9.02, pH value at -70cm: 9.18 for the south reaction pool; pH value at -40cm: 2.85, pH value at -70cm: 2.52 for the north reaction pool). The plaintiff of public interest litigation submitted a testing report of the acid washing pool waste pool involving Wang * Dian, conducted by a professional testing company on March 3, 2017, commissioned by the Environmental Protection Bureau of Laizhou City, to the people's court, which stated that the pH value was 9.7 at -1.2m for the southern pool and less than 2 at -1.2m for the northern pool. The plaintiff of public interest litigation argued that according to the *Identification Standards for Hazardous Wastes-Identification for Extraction Toxicity (GB 5085.3-2007)* and the *Technical Specification for Soil Environmental Monitoring (HJ/T 166-2004)*, a pH value of ≥12.5 or ≤2.0 indicates corrosive hazardous waste. Under the *National Catalogue of Hazardous Wastes (2016 Edition)*, the HW34 waste acid, with code 900-300-34, is categorized as "waste acid generated from cleaning with acid", and the HW49 other waste, with code 900-041-49, is categorized as "waste packaging, containers, filter media containing or contaminated with toxic or infectious hazardous waste". The polluted sand in the acid washing pool involved in the case is classified as hazardous waste, and all polluted sand in the acid washing pool should be disposed of according to hazardous waste regulations.

The expert opinion prepared by Liu * Jin, Senior Engineer of Shandong Geological and Environmental Monitoring General Station, submitted by the plaintiff of public interest litigation, states the following regarding the process of groundwater pollution evolution: "1. On the development of groundwater contamination: (1) Pollutants infiltrate the saturated zone (the layer from the groundwater level in the unconfined aquifer to the surface) through surface infiltration and enter the aquifer into the groundwater level through leakage.

After ecological restoration (Photo by Lu Yiting)

(2) Upon entering the aquifer, the pollutants initially spread outwards under the influence of hydraulic pressure, forming a circular-shaped contamination zone along the direction of groundwater flow. (3) With continuous infiltration of pollutants and the hydrodynamic effects of groundwater, the pollutants diffuse downstream along the direction of groundwater flow, expanding and extending the initial contamination zone in a fan or elliptical shape. (4) As the contaminated area expands and the concentration of pollutants increases, groundwater pollution occurs. Without cutting off the pollution source, the contamination zone will continue to expand along the direction of groundwater flow. 2. The evolution process of the contamination zone and groundwater pollution is closely related to factors such as the persistence of contamination, the permeability of the unsaturated zone, the permeability of the aquifer, the adsorption characteristics of the soil and aquifer, and the conditions of groundwater flow. (1) Long-term pollution evolution process: During the process of the pollutants' entering the surface and the infiltration through the unsaturated

After ecological restoration
(Photo by Lu Yiting)

zone, some are adsorbed by the rock and soil in the unsaturated zone. Initially, the concentration of pollutants entering the aquifer is relatively low. While after a period of infiltration and adsorption, the concentration of pollutants in the aquifer gradually approaches or reaches the concentration of the polluted water. During the downstream expansion in the aquifer, dilution by groundwater and adsorption by the aquifer will gradually reduce the concentration. After reaching saturation, with the continuous injection of pollution factors, the pollution area reaching a certain concentration will continue to expand downstream, and the area of the pollution area will continue to expand. (2) Short-term pollution evolution process: Short-term pollution refers to the process of changes in the pollution factors and the contaminated area after the polluted water enters the groundwater environment for a certain period, and after eliminating the pollution source. ① Evolution of pollution factors: When the pollution source is eliminated and pollutants are prevented from entering the aquifer, the groundwater concentration in the contaminated area will gradually decrease due to dilution from upstream groundwater flow and the expansion of the groundwater flow area. The adsorption properties of the aquifer soil also contribute to improving water quality. ② Changes in the contamination zone: After the pollution source is eliminated and the polluted water is prevented from entering the aquifer, the entire groundwater contamination zone will gradually move downstream and expand under the influence of groundwater flow. As the contamination zone expands and the adsorption effect of the soil strengthens, the groundwater quality in the aquifer will gradually improve. Over time, pollutants will be adsorbed by the soil layers and diluted in the groundwater, eventually meeting the relevant water quality standards in the original contamination zone."

[Adjudication Result]

The Intermediate People's Court of Yantai City of Shandong Province, issued the civil judgment [2017, Shandong, 06, Civil First Trial, No.8] on May 31, 2017, holding that: 1. Defendants Wang * Dian and Ma * Kai shall, within 30 days from the effective date of this judgment, dispose of 223 tons of contaminated sand in the acid washing pool in accordance with the hazardous waste disposal requirements, under the supervision of the Environmental Protection Bureau of Yantai City, to eliminate the danger. If the defendants are unable to dispose of it themselves, the disposal shall be done by a third party as entrusted by the competent environmental protection authority. The defendants Wang * Dian and Ma * Kai shall bear the cost of acid washing hazardous waste disposal, amounting to RMB 56,000, which shall be paid to the account of the Yantai City Environmental Public Interest Action Fund. 2. Defendants Wang * Dian and Ma * Kai shall, within 90 days from the effective date of this judgment, formulate a restoration plan and carry out restoration for the pollution of groundwater, soil, and water in the workshop concerned. In the event of failure to fulfill the restoration obligations within the prescribed time or if the restoration does not meet the standards for protecting the ecology and environment and social public interests, defendants Wang * Dian and Ma * Kai shall compensate for the ecological damage restoration costs caused by their illegal discharge of acid washing wastewater, amounting to RMB 720,000, which shall be paid to the account of the Yantai City Environmental Public Interest Action Fund. After the Judgment was announced, both parties did not appeal, so the judgment became final and took force.

[Adjudication Reasoning]

The Court held in its valid judgment that:

1. Regarding the determination of Wang * Dian and Ma * Kai's infringements

(1) Regarding the determination of the quantity of hazardous waste and disposal costs involved

During the trial, the testing report indicated that the pH values of the south acid washing reaction pool at depths of -40 cm, -70 cm, and -1.2 m were within the normal range. While the pH value of the north acid washing reaction pool at -1.2 m was less than 2, indicating hazardous waste. The north pool of the acid washing pool in question was originally filled with waste acid generated from the cleaning of feldspar particles using hydrochloric acid by Wang * Dian and Ma * Kai, who then buried it with sand. According to the provisions regarding the HW34 Waste Acid 900-300-34 and

After ecological restoration (Photo by Lu Yiting)

HW49 Other Waste 900-041-49 under the *National Catalogue of Hazardous Wastes (2016 Edition)*, the sand and soil buried in the entire pool that adsorbed the waste acid is now hazardous waste containing or contaminated with corrosive and toxic substances. The environmental damage inspection report identified the total contaminated sand soil in the north pool of the acid-washing pool as 223 tons of hazardous waste. According to the *Recommended Method for Calculating the Amount of Environmental Pollution Damage*, the unit cost of cleaning per ton of land resource reference unit was estimated at RMB 250 to RMB 800 per ton. In this case, a value of RMB 250 per ton was used to calculate the disposal cost of RMB 56,000. Such calculation, supported by facts and legal basis, is appropriate and thus adopted by the court. (The calculation method is as follows: 20m × 6m × average depth of 1.3m × density of $1.3t/m^3$ = 203t of sand soil + 20t of waste acid = 223t × RMB 250 per ton = RMB 56,000.)

(2) Regarding the determination of the ecological damage restoration costs for soil, surface water, and groundwater pollution

The monitoring report from the Laizhou Environmental Monitoring Station shows that the remaining wastewater in the waste water pool has a pH value of less than 2, indicating strong acidic wastewater. The acid-washing wastewater discharged by Wang * Dian and Ma * Kai through the wastewater pool and drainage ditch is both regarded as hazardous waste and toxic substances, which have polluted the environment. This has caused the well water in some residents' homes to turn yellow and have an irritating taste, rendering it undrinkable. It is found through the

Kunyu Mountain National Nature Reserve
(Photo by Kunyu Mountain National Nature Reserve Management Committee)

monitoring that the pH value of the well water in some residents' homes was lower than the background value, and the chloride and total hardness were much higher than the background value, significantly exceeding the permitted limits. The wastewater that leaked during storage in the waste water pool infiltrated the surrounding soil and groundwater, and the wastewater discharged into the ditch flowed into the Xiaoshui River. As there are no other similar sources of pollution around the contaminated area in question, it can be confirmed that the polluted groundwater in the area is yellow, has a pungent odor, and contains high concentrations of chloride, which is a result of the environmental pollution actions carried out by Wang * Dian and Ma * Kai.

The water quality monitoring report on February 13, 2017, showed that the water quality at some monitoring points within the original water quality monitoring ranges met the standards. According to the opinion of geological and environmental monitoring experts, it is known that as the pollution source is eliminated and the pollutants are prevented from entering the groundwater environment, with the dilution of groundwater in the expanded areas of the upstream groundwater runoff and groundwater runoff in the polluted areas and the adsorption of the aquifer rock and soil, the groundwater concentration in the polluted area will gradually decrease, and the water quality will gradually improve. Over time, under the influence of groundwater flow dynamics, the entire groundwater pollution zone will gradually move downstream and expand. After a certain period, the original pollution zone may meet the relevant water quality requirements. However, this does not mean that the ecology and environment in the area have improved or have been restored. Wang * Dian and Ma * Kai are still responsible for the ecological damage restoration in their polluted area. In the case where the defendants cannot restore it themselves, according to the provisions of the *Recommended Method for Calculating the Amount of Environmental Pollution Damage* and the *Recommended Method for Environmental Damage Assessment during the Emergency Response Stage of Emergent Environmental Incidents*, the virtual governance cost method shall be used to estimate the ecological damage restoration costs caused by Wang * Dian and Ma * Kai's illegal discharge of wastewater. Virtual governance cost refers to the cost that industrial enterprises or sewage treatment plants should incur to dispose of the same amount of pollutants discharged into the environment, which is the product of the pollutant discharge volume and the unit virtual governance cost. The unit virtual governance cost refers to the average cost of disposing of pollutants per unit in the area where the emergent environmental incident occurred. When quantifying ecology and environment damage, multiples of 1.5 to 10 can be used as the upper and lower limits of the environmental damage amount, based on the sensitivity of the environmental function in the affected area. According to the environmental damage testing report, the ecological damage restoration costs for the contaminated area, including soil, Class III groundwater, and Class V surface water of Xiaoshui River, were calculated by taking six times the virtual governance cost. Based on the quantity of 60 tons of illegally discharged acid-washing wastewater determined by the effective criminal judgment [2016, Shandong, 0683, Criminal First Trial, No.136] issued by the Primary People's Court of Laizhou City, the ecological damage restoration costs caused amounted to RMB 720,000, that is, the unit virtual governance cost of RMB 2,000 per ton × 60 tons × 6 times = RMB 720,000. This calculation is supported by facts and legal basis and is appropriate.

2. Regarding the issue of liability for infringement

According to Article 65 and Article 66 of the *Tort Liability Law of the People's Republic of China*, if the damage is caused due to environmental pollution, the polluter shall bear liability for infringement. In the event of a dispute over environmental pollution, the polluter shall bear the burden of proof regarding the circumstances exempting or mitigating its liability as specified by law and the absence of causation between its actions and the damage. The criminal judgment [2016, Shandong, 0683, Criminal First Trial, No.136] issued by the Primary People's Court of Laizhou City of Shandong Province has determined the causal relationship between the environmental pollution actions carried out by Wang * Dian and Ma * Kai and the resulting environmental pollution damage, to which Wang * Dian and Ma * Kai have no objection, and the judgement became final and took force. According to Article 64 of the *Environmental Protection Law of the People's Republic of China*, Article 8, Article 65, and Article 66 of the *Tort Liability Law of the People's Republic of China*, as well as Article 14 of the *Interpretation of the Supreme People's Court of Several Issues concerning the Application of Law in the Trial of Cases Involving Disputes over Liability for Environmental Torts (2020 Amendments)*, Wang * Dian and Ma * Kai should bear infringement liability for their actions that caused damage to the social public interests due to environmental pollution.

[Presiding Court and Members of Collegial Bench]

First Instance: The Intermediate People's Court of Yantai City of Shandong Province. Qu Zhentao, Lu Xiaohui, and Sun Bo

X. Civil environmental public interest litigation by the Fourth Branch of Beijing Municipal People's Procuratorate against Zhu * Liang and Zhu * Tao over environmental pollution

[Keywords]

Civil, civil public interest action on environmental pollution, soil pollution, compensation for loss of ecological and environmental function, restoration of ecology and environment, restoration effectiveness evaluation

[Adjudication Rules]

1. Where two or more infringers commit separate acts of environmental pollution and ecological damage resulting in the same harm, and each infringer's actions alone are insufficient to cause the entire damage, if some infringers have fulfilled their entire obligation for restoration according to the restoration plan and request to offset the restoration expenses paid on behalf of other infringers against the compensation for the loss of ecological and environmental service functions that they should bear, the people's court should support such a request.

2. For ecology and environment restoration projects carried out by infringers, the restoration effectiveness should be evaluated. If the damaged ecological and environmental service functions are concluded as restored after evaluation, it can be determined that the infringers have fulfilled their ecological and environmental restoration responsibility.

[Basic facts]

From October to December 2015,

Yanqing District, Beijing (Photo from Beijing Yanqing District Convergence Media Center)

Zhu * Liang and Zhu * Tao illegally excavated 89,370.8 cubic meters of construction sand worth RMB 4,468,540 on contracted land. According to the appraisal, the land illegally excavated by Zhu * Liang and Zhu * Tao was originally an orchard, and the native soil within the land was lost, resulting in the complete destruction of the original ecosystem and severe damage to the ecosystem's service capacity. It was confirmed that there was damage to ecology and environment. The restoration plan for the ecological and environmental damage as suggested by the appraisal institution is restoring the damaged land to a garden land by backfilling the missing soil with external soil, backfilling ordinary soil beneath it, and covering the surface with 60 centimeters of planting soil to restore the land's conditions for fruit tree cultivation, with an estimated restoration cost of RMB 2,254,578.58. The Fourth Branch of the People's Procuratorate of Beijing Municipality initiated the environmental civil public interest action against Zhu * Liang and Zhu * Tao for illegal excavation, causing soil damage and damage to ecology and environment. The criminal part of the case was tried separately.

On June 24, 2020, the representatives of Zhu * Liang and Zhu * Tao signed a commitment letter to ecology and environment restoration, undertaking to carry out the restoration work according to the restoration plan. The restoration project started on June 25, 2020, and was completed on October 15, 2020. On October 15, 2020, relevant departments in Fangshan District of Beijing conducted an on-site inspection of the restoration project and concluded that the project was conducted in compliance with the law and in an orderly and safe manner, with no safety or environmental pollution

Guishui River (Photo from Beijing Yanqing District Convergence Media Center)

issues. In addition, the construction procedures and quality met the requirements of the restoration plan. The construction process strictly followed the specific requirements of the ecology and environment restoration plan, the quality of the backfilled soil met the standards, the land was leveled after restoration, and the surface was covered with planting soil over 60 centimeters, making it suitable for fruit tree cultivation.

It is also found that there were 21,392.1 cubic meters of construction waste dumped by other unidentified people on the abovementioned land, for which Zhu * Liang and Zhu * Tao spent RMB 754,000 at their own expense for the environmental clean-up during their restoration process.

[Adjudication Result]

The Fourth Intermediate People's Court of Beijing Municipality issued the civil judgment [2020, Beijing, 04, Civil First Trial, No.277] on December 21, 2020, holding that: 1. Zhu * Liang and Zhu * Tao shall bear the civil liability to restore the ecology and environment damage to the 14,650.95 square meters of land on * Village, Changyang Town, Fangshan District, Beijing, caused by their acts. It is confirmed that Zhu * Liang and Zhu * Tao have fulfilled the restoration of the aforementioned damaged ecology and environment to the state and function before the damage occurred, as determined by the ecology and environment damage appraisal and assessment report on the case of sand and gravel mining by Zhu * Liang and others in Fangshan District (fully completed). 2. Zhu * Liang and Zhu * Tao shall compensate for the loss of service function during the period from ecology and environment damage to restoration to its original state, which amounts to RMB 652,896.75; when fulfilling the first restorative obligation of the judgment, Zhu * Liang and Zhu * Tao paid RMB 754,000 for the disposal of construction waste on the involved land, which shall be offset against RMB 652,896.75 for the loss of service function during the period from ecology and environment damage to restoration to its original state.

3. Within seven days from the effective date of the judgment, Zhu * Liang and Zhu * Tao shall pay an appraisal fee of

RMB 115,000 to the Fourth Branch of the Beijing Municipal People's Procuratorate. 4. Zhu * Liang and Zhu * Tao shall publicly apologize to society through national public media. After the judgment was issued, neither party appealed.

[Adjudication Reasoning]

The Court held in its legally effective judgment that the illegal acts of excavation by Zhu * Liang and Zhu * Tao resulted in damage to ecology and environment, infringed upon the legitimate rights and interests of an unspecified number of people, and harmed the public interest, constituting a civil environmental infringement. As perpetrators of illegal excavation, Zhu * Liang and Zhu * Tao violated their legal obligations to protect the environment and should bear civil liability for the ecology and environment damage caused.

1. Regarding the issue of whether the defendants' payment for the disposal of waste dumped by others can be offset against the compensation for the loss of ecological functions

From the perspective of the environmental law, the ecology and environment provide services such as supply, regulation, culture, and support. Damage to the ecology and environment leads to the undermining or loss of these services to the public or other ecosystems. Zhu * Liang and Zhu * Tao's illegal acts of excavation on the leased fruit tree land caused damage to the soil, which constitutes an act that harms the ecology and environment and infringes upon the public interest. Therefore, they should compensate for the loss of service functions to the ecology and environment during the period from the damage to the restoration. According to the assessment of the loss of ecological service value in the appraisal report, the amount of compensation for the loss of service functions to the ecology and environment that Zhu * Liang and Zhu * Tao should bear is determined as RMB 652,896.75. According to Paragraph 1, Article 24 of the *Interpretation of the Supreme People's Court on Several Issues concerning the Application of Law in the Trial of Cases Involving Environmental Civil Public Interest Litigations* implemented in 2015, the funds for ecology and environment restoration costs and the service function loss during the period of ecology and environment damage to restoration, which the people's court orders the defendant to bear, should be used for the restoration of the damaged ecology and environment. Therefore, the funds for the service function loss during the period of ecology and environment damage to restoration, borne by the defendants, should be specifically used for the environmental restoration, management, or the restoration and management of the public ecology and environment in other locations related to the case. When Zhu * Liang and Zhu * Tao carried out ecological restoration on the land involved in the case, there was construction waste on the land illegally dumped by unidentified third parties. The illegal mining activities conducted by Zhu * Tao and Zhu * Liang have resulted in the loss of original soil and changes in the physical structure of the damaged land. While, the acts of others dumping construction waste will cause changes in soil nutrients. The combination of these two types of wrongful acts has led to the current damage to the soil ecology and environment. In order to comprehensively and promptly restore the ecology and environment, in accordance with the restoration plan's requirements for the overall restoration of the land involved, Zhu * Liang and Zhu * Tao cleared the dumped construction waste in the area

Miyun Reservoir (Photo by Li Rusheng)

and incurred actual expenses of RMB 754,000. This falls under the category of active restoration and management of the environmental conditions related to the case, which is consistent with the purpose and effect of the defendant's liability to compensate for the loss of ecological function as stipulated by the law and judicial interpretations. Also, while bearing the responsibility for restoration, the infringers have taken active measures to restore and manage the consequences of environmental damage caused by others, which is beneficial to ecological and environmental protection. This approach also reflects the characteristics of timely optimization of the ecology and environment in terms of restoration effectiveness and comprehensive management. Therefore, considering the functional purposes of the two expenses, as well as the actual effects of implementing the compensation funds for specific purposes, the expenses incurred by Zhu * Liang and Zhu * Tao in clearing up the dumped construction waste can be offset against the compensation for the loss of ecological function that they need to bear.

2. Regarding the issue of evaluating the effectiveness of the defendants' performance of ecological restoration during the litigation process

Zhu * Liang and Zhu * Tao voluntarily fulfilled their environmental restoration obligations during the litigation process and carried out backfill restoration on the affected land from June 25 to October 15, 2020, in accordance with the restoration plan stated in the commitment letter. According to Article 9 of the *Provisions of the Supreme People's Court on the Trial of Compensation Cases for Ecological Environmental Damage (Trial Implementation),* investigation reports, testing reports, monitoring reports, assessment reports, monitoring data, and other materials

Yeya Lake Wetland Nature Reserve (Photo from Beijing Yanqing District Convergence Media Center)

formulated by departments responsible for protecting, supervising and managing environment and resources or institutions commissioned by them during administrative law enforcement that are verified by the parties and meet the evidentiary standards can serve as the basis for determining the facts of the case. In this case, relevant departments in Fangshan District, Beijing actively fulfilled their responsibilities for environmental supervision and management. They conducted process supervision of the defendants' performance of ecological restoration projects and issued corresponding acceptance opinions within their scope of responsibilities. As they possessed the necessary professional judgment capability, the joint acceptance opinions issued by the relevant units can serve as important evidence for determining whether the performance of ecological restoration projects by the parties meets the standards. Additionally, based on this, the evaluation agency assessed the effectiveness of the restoration projects and confirmed that the soil in the damaged area had been restored to the baseline level. In view of the above, it can be determined that the infringers have fulfilled their ecology and environment restoration obligations.

[Presiding Court and Members of the Collegial Bench]

First Instance: The Fourth Intermediate People's Court of Beijing Municipality. Ma Jun, Mei Yu, Zhao Jia, Wang Pengyu, Zhang Guirong, Zhang Fengguang, and Heng Jun.

中国具有影响力环境资源案件

（第四辑）

Influential Environment and Resources Cases in China

(Volume IV)

图书在版编目（CIP）数据

中国具有影响力环境资源案件. 第四辑 ：汉文、英文 / 中华人民共和国最高人民法院环境资源审判庭编著. 北京 ：人民法院出版社，2025. 6. -- ISBN 978-7-5109-4518-2

Ⅰ. D922.680.5

中国国家版本馆CIP数据核字第2025TJ3029号

中国具有影响力环境资源案件（第四辑）

中华人民共和国最高人民法院环境资源审判庭　编著

责任编辑　张　艺

执行编辑　沈洁雯　张冰倩

装帧设计　尹苗苗　鲁　静　A.Chevallier

出版发行　人民法院出版社

地　　址　北京市东城区东交民巷27号（100745）

电　　话　（010）67550667（责任编辑）　67550558（发行部查询）　65223677（读者服务部）

客服QQ　2092078039

网　　址　http://www.courtbook.com.cn

E-mail　courtpress@sohu.com

印　　刷　大厂回族自治县德诚印务有限公司

经　　销　新华书店

开　　本　787毫米×1092毫米　1/16

字　　数　107千字

印　　张　9

版　　次　2025年6月第1版　2025年6月第1次印刷

书　　号　ISBN 978-7-5109-4518-2

定　　价　80.00元

长江口东滩湿地（图片来源：摄图网）

Dongtan wetland, Yangtze River Estuary

(Photo from 699pic)